Notas desde el exilio

Jorge Tadeo Vargas
Notas desde el exilio
Reflexiones desde la resistencia

Ediciones Astillero

Ediciones Astillero 2013
Primera Edición
Bajo licencia Creative Commons 2.5 No derivadas
ISBN-13: 978-1491062609
ISBN-10: 1491062606

Índice

Agradecimientos:

La decisión de hacer esta recopilación de textos, notas, ensayos, ponencias se debe principalmente a una razón egoísta de tener una compilación de todo lo que he escrito y que considero vale la pena tenerlos juntos en un formato de papel. No existe una razón mas allá de esto, aunque claro, espero poder compartirlo al menos con todos y todas aquellas que de una u otra forma han sido parte de ellos. Los que los leyeron, los que comentaron y los que ayudaron a que estas ideas vieran la luz.

Primero tengo que agradecerle a Brisa pues muchos de estos textos primero fueron una platica (a veces un monologo mio) con un café o un buen vino tinto, así que gran parte de las ideas aquí expuestas primero fueron consensuadas con ella. A mi buen hermano Luis que fue el que me llevo al mundo de los blogs dando mis primeros pasos en la idea de compartir mis ideas con mucha mas gente. A los editores del Periódico Autonomía hará algunos allá atrás donde siempre tuve un espacio donde escribir, igual al Periódico El Libertario, a los Indy Media a nivel mundial, a Cesar Ángulo y bionero.org un espacio que se volvió mio por muchos años.

A los amigos dentro de los Movimientos sociales y ambientales donde he participado activamente, donde he aprendido mucho, además de un crecimiento en todos los sentido. La mayoría de estos textos no seria posibles de no ser por mi activismo dentro de estos movimientos. Al Movimiento Mexicano de Afectados por las Presas y en Defensa de los Ríos, a la Red Mexicana contra la Minería, Rising Tide México, a mis amigos del colectivo. Amado Rubio compañero del crimen en mas de una ocasión. A Ximena que entre la nostalgia por mis viajes y los días que pasamos juntos me permitió y me permite continuar haciendo lo que hago.

De los globalifobicos al altermundismo: a manera de introducción

Hace algún tiempo alguien me dijo que mi generación había nacido con dos derrotas: la política y la social; y que a ésas teníamos que sumarles nuestra propia derrota, la económica. Si nos detenemos a pensar sobre esta reflexión podemos ver que tiene mucho de razón para aquellos nacidos entre 1970 y 1979. El socialismo no era un ideal para nosotros, el muro se había caído. La URSSS se presentaba como una sociedad autoritaria y muy lejana del sueño utópico del socialismo. Y Cuba...pues Cuba, seguía siendo la isla del Che Guevara y Fidel Castro, pero nada más. Los movimientos sociales no eran para nosotros y no nos sentíamos identificados con las luchas del pasado. Los pocos que buscábamos integrarnos a una lucha social formábamos una subcultura que, en el mejor de los casos, éramos vistos como fenómenos a los ojos de la sociedad. No éramos un peligro para el *status quo*, ni una forma de vida real. Si a esto le sumamos que el neoliberalismo sólo nos trajo deudas a nivel nacional y personal, se nos dificultaba sentir que íbamos en camino al mundo perfecto.

Así transcurrimos nuestra adolescencia, inmersos en una serie de derrotas y sin un modelo o una forma de acción que nos satisfaciera hasta que llegó 1994. El primero de enero de ese año cambió la visión de muchos. Una Guerrilla Chiapaneca que se hacía llamar Ejercito Zapatista de Liberación Nacional nos enseñó que, a pesar de todo, sí era posible creer en algo. Así nace una nueva forma de lucha, mucho más diversa y también mucho más compleja, que rompe con los modelos antiguos de ver las estructuras sociales y nos habla de mundos donde caben muchos mundos, donde se manda obedeciendo. Luego seguiría el otoño de 1999 en Seattle, el verano de 2000 en Praga y así la última década del siglo XX se vería en revueltas organizadas por una diversidad de personas que no sólo buscaban un lugar, sino necesitaban ser escuchadas.

Fue muy complicado, tanto para los medios como para los académicos, identificar o ponerle un nombre que clasificara a este nuevo movimiento. La diversidad y las distintas formas de pensar dentro de la gente que se presentaba a las cumbres a manifestarse era tanta que decidieron darles el nombre de **ALTERMUNDISMO**. Dentro de esta definición entraban todas las formas de lucha, desde los ambientalistas que buscaban cambiar las políticas públicas en cuestiones ambientales hasta campesinos afectados por las nuevas formas de comercio, desde nuevos anarquistas hasta viejos marxistas. La filosofía de un mundo donde quepan muchos mundos comenzaba no sólo a volverse una realidad política, sino también una realidad social. Las nuevas voces de la resistencia habían logrado ser escuchadas y las nuevas formas de auto organización comenzaban a ser tangibles.

Pertenecer a la *"generación altermundista"* no ha sido para mí tener una identidad o pertenecer a un grupo específico. He navegado siempre dentro de distintas corrientes, la mayoría de las veces siendo esa voz insoportable que cuestiona, que debate y que discute las verdades absolutas. No soy un clásico ambientalista que defiende a muerte el ambiente para mantenerlo salvaje, mucho menos soy el mayor defensor de los movimientos indígenas o de la clase obrera. Para muchos aún no encuentro mi lugar, estoy perdido. Para mí, sólo soy un exiliado. Soy un ente extraño que piensa y ve el mundo como un todo, que no puede pensar en verdades absolutas sino en verdades parciales que juntas llegan a formular una nueva pregunta, que piensa que las teorías son para leerlas y aprender pero no para defenderlas a muerte, que la mejor manera de aprender es siendo abierto y entendiendo que la diversidad de pensamiento es el mayor logro de la humanidad. Más allá de las teorías y las acciones los seres vivos siempre estaremos en primer lugar.

Estos son una serie de ensayos, artículos, notas que he venido publicando de manera irregular en distintos medios impresos y electrónicos, además de mi participación en algunos foros altermundistas en distintas partes del mundo, desde hace un poco mas de diez años; están escritos desde un exilio auto impuesto, pero también están escritos con la esperanza que, desde el exilio personal, la lucha colectiva llegue a construir esa realidad con la que soñamos… disfrútenlos…están escritos para eso…

Enero del 2012

Apropiación de los recursos naturales y la nueva revolución verde

...Todo tiene un pasado

en los últimos años se ha venido dando una lucha entre las corporaciones, por privatizar zonas naturales, de pronto el ambientalismo se puso de moda y en un claro deslinde de responsabilidades, los gobiernos y las organizaciones como el Banco Mundial, el FMI y la OMC, nos quieren poner como grandes responsables del desequilibrio ambiental.

Esta nueva "moda ambiental" tiene sus antecedentes en la cumbre de río en 1992, dentro del Centro para el futuro común se empezó a manejar la teoría de que todos somos responsables del problema ambiental, desde el ciudadano común que ocasionalmente tira un envoltorio de chocolate a la calle a las grandes empresas petroleras (causantes principales del efecto invernadero). Afortunadamente este intento de ocultamiento del problema ambiental no tuvo éxito y tanto las ONGs como la sociedad civil, no se trago el cuento.

El desarrollo sustentable como alternativa

A la par que los gobiernos y las grandes corporaciones buscaban la manera de contrarrestar su "mala imagen" en los medios de comunicación como los principales protagonistas del problema ambiental, la búsqueda de las alternativas por parte de las ONGs se encaminaba al desarrollo sustentable, de esta alternativa y teniendo otra vez al centro para nuestro futuro común, ahora asociados con la asociación empresarial para el desarrollo sustentable (BASD, por sus siglas en ingles), inventan el termino de "sector independiente" para maquillar de verde las acciones de las grandes corporaciones esta vez con muy poca resistencia por parte de la sociedad civil, la cual empezaba los desacuerdos de cual era el perfil de movimiento popular que este debería tomar. Aunque en el papel la alternativa del desarrollo sustentable llenaba las expectativas de la gran parte de la sociedad civil, este supuesto "desarrollo" venia desde arriba, muchas veces financiado por fundaciones patrocinadas por los grandes empresarios en un claro intento de controlar el desarrollo y hacia donde se dirigía el mismo. Este modelo no ha conseguido cuajar aun, en parte se debe a que pocas veces responde a las demandas de las comunidades en las que en la mayoría de las ocasiones ONGs trabajan con financiamiento corporativo, disfrazado de "sustentable", permitiendo muy poca o nula participación de a sociedad civil en la toma de decisiones o en la realización de las mismas, convirtiendo a la comunidad en los hermanos menores de los grandes capitalistas verdes disfrazados de ambientalistas.

El robo de los recursos naturales y la nueva revolución verde.

El termino de revolución verde fue utilizado nuevamente por los grandes empresarios a principios de la formación de la OMC y cuando los organismos genéticamente modificados empezaron a cobrar cierta fuerza dentro de las grandes empresas y la facilidad que estos tuvieron para encontrar mercado dentro de los países pobres, principalmente del sur, aun con todas las "restricciones" puestos a ellos con la formación de convenios y tratados hechos por las mismas empresas y sus aliados para mostrar su disponibilidad y su preocupación por el medio ambiente. Esta revolución verde que se presento igual que hace treinta años con los avances tecnológicos y mejoras a la hora de la siembra y la cosecha, al principio como la salvadora de la pobreza y el hambre, poco a poco ha venido perdiendo credibilidad y fuerza, no solo por los efectos negativos y hasta mortales que tienen tanto en los seres humanos como en el medio ambiente, sino por la poca facilidad que estos tienen para ser introducidos y producidos por los pequeños campesinos, siendo los grandes agricultores con subsidios gubernamentales los que participan de este ecocidio.

Pero esta revolución verde no solo se vistió de benefactora de los pobre sino que también tomo el papel de protectora del ambiente, en los últimos años en México, el movimiento Ambientalista a cobrado una importancia no solo a nivel organizativo y de fuerza social, sino a nivel económico y político, grandes fundaciones y ONGs principalmente Estadounidenses se han establecido en México y en muchos de los casos financiado proyectos de conservación y desarrollo, estos maquillados de verde han podido de cierta manera conocer mejor los recursos naturales con los que cuenta México y el poco o nulo interés por parte del gobierno federal por crear programas de protección para las zonas de riesgo o ya provistas de un carácter de zona natural protegida en las diferentes modalidades que existen. Zonas como el sur del país, principalmente los estados de Chiapas y Oaxaca y el Noroeste en la región perteneciente al mar de cortes la influencia de estas organizaciones es tanta que incluso el gobierno federal pide en muchas ocasiones el apoyo ya sea logístico o financiero de estas organizaciones para llevar a cabo proyectos de reconocimiento que en algunas ocasiones, como el caso de Conservation International México en Chiapas llevan a cabo en una clara violación del espacio aéreo de una zona en conflicto con una gran biodiversidad, la cual es cartografiada e investigada para después enviar los reportes a su base central en EUA. Esta forma de revolución verde tiene como propósito no permitir ningún desarrollo en las zonas cuidadas por esta organizaciones en algunos de los casos, estos terrenos son comprados por las mismas ONGs para su cuidado, alegando la falta de reglamentación que existe, no solo en México sino en toda Latinoamérica, como es el caso de Chile y Argentina, donde el presidente y fundador de la Ecología Profunda a comprado la mitad de el territorio virgen para resguardar la biodiversidad y desalojar la presencia humana, como si esta fuera la maldad personificada o la causante del problema ambiental, olvidando la responsabilidad de las corporaciones y dejándola en el ciudadano común.

El robo de los recursos naturales en México tiene dos caras. La primera en la crisis del campo mexicano, esta crisis impulsada por el poco apoyo hacia la pequeña agricultura en México y los grandes subsidios de los países ricos a sus agricultores ricos hace que cada vez mas entren productos de ínfima calidad, acabando con la tierra y con productos orgánicos, así mismo con la salud ambiental y humana.

La otra y es la que quiero tratar aquí es la de los recursos naturales vírgenes o de potencial turístico.

......Y el Ecoturismo llego

En los últimos años tanto el gobierno federal como los gobiernos estatales han volteado a ver el turismo como la opción para la crisis que se vive en México, sobre todo en las costas y playas mexicanas, algunas con un claro turismo burgués destructivo y ecocida, ejemplo Cancún, Huatulco y Los Cabos, centros turísticos en los cuales la apropiación de los recursos naturales a dejado un daño incalculable en el medio ambiente, ya no hablar de el daño social y económico para la población local. La resistencia a este tipo de turismo y la misma modernidad y la "conciencia ecológica" que ha venido generando la clase poderosa a hecho que tanto el gobierno y los inversionistas disfracen de "turismo ecológico" su antiguo modo de conquista y destrucción, en este momento tienen en la mira dos grandes proyecto, los cuales de echarse andar, pondrán en peligro a casi el 80% de la biodiversidad del país. Estos proyectos uno abarcando casi todo el sur del país, este proyecto llamado Plan-Puebla-Panamá pretende convertir el sur del país en una gran maquiladora para que los pobres tengan trabajo y un centro turístico conocido como el corredor mesoamericano para que la clase poderosa conozca la cultura de nuestro país, un proyecto que arrasara una gran cantidad de territorio virgen, llevándose consigo una gran cantidad de biodiversidad y culturas indígenas. El siguiente es un proyecto que esta a punto de empezar a caminar, que es el proyecto de escalas náuticas singlar para la región del golfo de California, un proyecto que pretende convertir el mar de Cortez en un paraíso náutico para los turistas que quieren pasearse por el golfo en sus yates, este proyecto pone en peligro a toda la región del Golfo incluyendo el 54% de las áreas naturales protegidas del país.

El gobierno a puesto en venta los recursos naturales del país, y los proyectos que se presentan como de desarrollo para la región una vez mas utilizando el maquillaje de sustentable, se ve mas como un proyecto de enriquecimiento de unos cuantos y el empobrecimiento y desequilibrio de una región.

¿Conclusiones?

El capitalismo en su forma mas voraz como lo es el neoliberalismo ataca los lugares mas delicados y difíciles de recuperar, los daños causados en el medio ambiente son incalculables, las perdidas irreparables y mientras los grandes capitalistas verdes siguen haciéndose ricos con una pobre defensa del yermo, solo nos queda a nosotros involucrarnos con nuestro entorno ecológico y protegerlo de los ecocidas que pretende asesinarlo y a nosotros junto con el.

Noviembre 2003

Civilización y Dominación

"Say good bye to plastic, say good bye to cars
No more convenience store, hello stars
No more wall street no more pentagon
Thinking about these thing makes me happy"
Casey Neil

A menudo cuando se habla de la historia de la civilización, esta se define como la fundación de las ciudades y la especialización de las tribus recolectoras-cazadoras en el desarrollo de la agricultura y su paso al sedentarismo, en el cual se fueron formando jerarquías simples, pero con cierto control y clases sociales. Estas civilizaciones fueron mejorando sus técnicas de control con el paso de los años; con una constante. La dominación de las clases sociales y la especialización del trabajo y el pensamiento.

En la vieja Europa y el Asia Occidental, la conquista y la matanza de culturas fueron piezas claves en la historia de la civilización y dedicaron gran parte de su historia antigua a conquistar y destruir civilizaciones menos fuertes que las suyas, mediante el asesinato y la destrucción.

Así como el control y la dominación son piezas claves en la historia de la civilización, la caída de sus grandes ciudades también ha sido una constante. A mayor civilización es mayor el riesgo de desaparición. La caída del imperio romano, la antigua Grecia, Mesopotámica han dejado solo restos de una historia tan destructora, como poco provechosa, donde lo importante es la majestuosidad de sus ruinas y la modernidad que mostraban, sin importar lo que tuvieron que haber destruido para llegar a este punto de progreso.

Aun en la actualidad se escucha hablar de la modernidad como el punto al que toda civilización debe llegar, los ejemplos son imitados por todos los países y se reproducen los mismos esquemas de dominación y control. A pesar de la modernidad que se desea representar a través de estas nuevas formas de control y de expansión de las formas de vida son aun llevadas a la práctica. Las guerras y la ocupación violenta siguen teniendo vigencia en la historia moderna de la humanidad.

Las nuevas tecnologías han servido para que el procedimiento cambie un poco y la homogeneización y el individualismo forman parte de estas técnicas de control, utilizando productos como la televisión, el Internet, etc., etc. para conseguir mantener el control. El desarrollo que se ha alcanzado permite a las civilizaciones poderosas presentar su modelo como una alternativa a las carencias y necesidades inventadas por los seres humanos para poder pertenecer a formas societarias que no permiten el pensamiento heterogéneo y condenan cualquier forma de control que se presenta como alternativa, ofreciendo placebos a una sociedad que cada día se siente mas infeliz de no poder pertenecer a una sociedad inexistente.

El crecimiento acelerado de las ciudades y la migración de las zonas rurales, forma parte de este control al que estamos expuestos. Las nuevas tecnologías que permiten abaratar los costos de las cosechas, la agricultura industrial y la crisis ambiental han logrado que la población rural emigre a las ciudades donde a base del consumismo de productos desechables y pequeñas dosis de felicidad virtual, mantienen a la población controlada, lo cual es mas difícil de lograr en zonas rurales donde la exposición a las nuevas tecnologías no siempre resulta exitosa y han sido en los últimos años de la historia las nuevas tendencias que han marcado una diferencia en la lucha social y al replanteamiento de la necesidad de cambios en las estructuras sociales. Sin embargo el resultado de esto ha sido pobre y la civilización dominante sigue siendo el modelo a seguir por las nuevas generaciones y los nuevos proyectos de ciudad se presentan basados en los viejos esquemas de municipios y estados compuestos por una clase gobernante y una clase gobernada, en donde al segunda lleva sobre sus hombros el funcionamiento de la sociedad, mientras que la primera se dedica al goce egocéntrico e individualista que le permite la modernidad y el progreso. La clase gobernada copia los esquemas de placer y felicidad de las clases gobernantes (que son las que tienen el poder económico), incluso en algunos casos, les permiten tener acceso a los mismos métodos de acción y así demostrar su cara equitativa y democrática.

Una sociedad basada en métodos de igualdad y trabajo comunitario ponen en peligro a la civilización actual, así que fomentando el individualismo y el deseo de pertenencia, se mantiene un control hacia la sociedad, ofreciendo un desarrollo vertical que solo beneficia a una minoría, mientras que la gran mayoría no tiene acceso a estos beneficios, los cuales son en mayor medida los causantes principales de las problemáticas referentes al ambiente y nuestra relación con el.

Aun a pesar de las criticas a esta civilización y la crisis aparente en la que vive, las nuevas o viejas tendencias que aparentemente nos llevan abrir los ojos y tratar de cambiar la situación en la que se vive, el fin del mundo modernizado tal y como lo concebimos no parece llegar, el pesimismo comienza a formar parte del control del estado, así como el llanto y la queja son las armas mas utilizadas por los "soñadores de un mundo mejor" son parte ya de la modernidad y la "apertura" que permiten estas nuevas civilizaciones (que cada vez se parecen mas entre ellas) y que no hacen ningún daño en la forma primordial de la civilización.

Son pocos ejemplos de grupos e individuos que estén trabajando por encontrar nuevos modelos de convivencia en los cuales lo importante es el ser humano y no la modernidad y el progreso a los que hemos llegado.

Febrero del 2004

BASURA CERO: Una Alternativa sustentable

El problema de los residuos y su eliminación, se a convertido en un problema global que ocasiona un gasto social importante, al igual que un gasto económico a los gobiernos y un costoso ambiental para toda la población. En la mayoría de los casos los residuos se destinan a rellenos sanitarios que son manejados por los municipios a nivel local o con un permiso de privatización de los mismos, la otra opción son las incineradoras, las cuales llevan un gran costo ambiental y de salud.

Los rellenos sanitarios son grandes depósitos de metano y que sus desechos contaminan las aguas subterráneas, generalmente son al aire libre, llenando la atmósfera de gases y toxinas peligrosas. Las incineradoras, aun las llamadas de "nueva generación", que cuentan con dispositivos para control de contaminación, emiten gases de efecto de invernadero y son fuentes de metales pesados, partículas y de las cancerígenas dioxinas, estas instalaciones, los rellenos y las incineradoras envenenan el aire, el agua y el suelo.

No solo estas opciones llevan un costo ambiental, sino que son extremadamente costosas y el beneficio a nivel local es muy pequeño. En países altamente desarrollados como Estados Unidos el costo de la recolección de los residuos urbanos supera los 4,000 millones de dolares al año, en Asia es de 25,000 millones y se estima que esta cifra se duplicara en una generación, en latinoamericana el costo es muy parecido al Asiático y los problemas de salud que conlleva las malas instalaciones, la poca reglamentación y su aplicación efectiva, hacen que la cifra sea aun mas alta, que en los países desarrollados.

Seguimos utilizando sistemas de tratamiento de residuos caros e insalubres que no resuelven el problema de la basura y siguen perpetuando la mentalidad del consumo y el derroche, basados en una vieja formula que necesita ya actualizar técnicas y visiones, como lo es la de reciclar y reusar y empezar a considerar a la basura como un recurso, no como un problema que hay que enterrar o quemar, ver el tema de los residuos a nivel local y global como una oportunidad de recuperar valiosos recursos, de crear conciencia de rentabilidad y reducir la contaminación por residuos solidos.

¿Que es Basura Cero?

El planteamiento del proyecto Basura Cero, se basa en una nueva forma de gestión de los residuos solidos a nivel local, involucrando a los gobiernos municipales, las empresas y la sociedad civil. Se centra en afrontar el problema de los residuos desde su origen, centrándose no solo en el tratamiento de la basura para ser reciclada, sino recuperar el material orgánico y un mejor diseño de los productos para de esta forma mejorar su vida útil, implica un cambio de conciencia en muchos niveles de lo que significa basura y de la utilidad de la misma.

Esta idea parte del hecho de que el crecimiento desmesurado de los residuos de nuestra sociedad industrial, cada vez mas consumista y cada vez mas derrochadora y productora de residuos esta poniendo en peligro, la capacidad de los recurso naturales para proveer nuestras necesidades y de las generaciones futuras inmediatas, como lo son nuestros hijos y nietos. BASURA CERO es un planteamiento de una nueva filosofía que exige cambios de raíz en la forma que los residuos fluyen en nuestra sociedad, el objetivo principal de esta idea es un sistema industrial que dirija la recuperación de los residuos en vez de su eliminación, involucrando a todos los actores del problema.

¿Eliminar o Reciclar?

Diario estamos quemando, enterrando papel, metales y plásticos que si se reciclaran podríamos reducir la destrucción de los bosques, el desgaste de los suelos (erosión) y el agotamiento de los recurso minerales -el cual conlleva otro problema mas que es la industria minera de la que hablaremos en otro momento-ejemplos hay muchos, si usáramos el teléfono celular para lo que fue concebido que es comunicación telefónica celular, podríamos así duplicar si vida útil y ahorramos mucho en materiales altamente contaminantes que se utilizan para la construcción de estos aparatos, lo mismo con los automóviles si duplicáramos su vida útil, ahorraríamos aproximadamente 15 toneladas del material que se utiliza para la construcción, reciclar papel reduciría el uso de madera, se ahorraría en energía y con esto el proyecto de BASURA CERO jugaría un papel importante en la reducción de CO_2 y la permanencia del carbono en el suelo.

Rediseñas la producción, utilizar nuevos modelos de envases que permitan una vida útil mas larga, utilizar productos reciclados y estimularlo a diferentes niveles de participación, BASURA CERO, se podría convertir en un proyecto que aportara dividendos económicos. Programas efectivos de separación a nivel barrio, municipio y Estado, sistemas de compostaje orgánico -la materia orgánica es como mínimo el 50% de los residuos de la mayoría de los países- generarían además ingresos locales.

La responsabilidad de los productores

BASURA CERO no depende solo del reciclaje, el crecimiento de residuos solidos, del alto volumen de basura, es el resultado de procesos industriales y mediáticos que nos llevan al derroche y al consumo de mercancía que muchas de las veces no necesitamos o que por la misma presión social no buscamos alternativas que sean ambientalmente responsables. Los pasos a seguir para acabar con con el problema de los residuos solidos se basa principalmente en la reducción de basura generada por la industria y desechada por los consumidores. La reducción en origen es la única solución y el único enfoque posible para resolver de una forma limpia y responsable el problema de la basura.

Se plantea una solución global al problema de los residuos

solidos, una solución desde el principio que se involucre desde el principio hasta el fin del proceso de la producción, incorporando además el principio de la Extensión *de la Responsabilidad del Productor (ERP)*, que asegura que los fabricantes son los responsables del producto, su envase y embalaje durante todo el ciclo de vida del mismo, esto quiere decir que si un producto y su envase no se pueden reutilizar, reciclar o comportar, el productor debe asumir el costo de su recogida y su eliminación segura, esto solo se puede lograr con cambios en las políticas publicas que no solo obliguen a los productores a responsabilizarse de su producto y su proceso, sino que vaya mas allá y obligue a los productores a utilizar solamente productos que se pueden replicar, reutilizar o Compostela y así evitar llegar otra vez a el entierro o la quema de residuos solidos. Prohibir el uso de productos que contengan residuos tóxicos, como pueden ser las pilas, insecticidas, lacas, etc., que suponen serios problemas a la salud y complican el tratamiento eficaz de los residuos no tóxicos o menos peligrosos. Los Gobiernos deben de asegurar que los fabricantes de estos productos sea parada y prohibida

La clave para alcanzar BASURA CERO es la prevención, es evitar que los residuos se conviertan en problema y convertirlos en recursos, minimizar el consumo de productos envasados y regular mediante políticas publicas la practica de los productores.

¿Como llegar a BASURA CERO desde un nivel comunitario y social?

Tradicionalmente los gobiernos han optado por sistemas de tratamiento de residuos que simplemente ocultan el problema, la queman o la entierran, pero con esto el problema en vez de ser resuelto, lo agrava. La culpa de esto es en parte de las autoridades, pero la sociedad también llevamos una parte importante de esta culpa, consumimos, derrochamos, tiramos y luego nos olvidamos, pocas veces nos preguntamos que pasa con la basura, desconocemos el funcionamiento de los rellenos sanitarios o de las incineradoras y los costos de mantener estos sistemas costosos y poco efectivos. Demandamos cada vez mas productos innecesarios y los medias nos introducen una política de consumo cada vez mas voraz.

Asumiendo que solo con sistemas de eliminación, reciclaje y compostaje bien organizados y proyectados, basados en la reducción en origen alcanzaremos una nueva forma de manejar los residuos mas sustentable y responsable y reconociendo el papel de las autoridades y los productores en esta nueva forma de manejar los residuos, es también responsabilidad de nosotros como sociedad civil, tomar opciones mas responsables en el consumo, regresar a lo pequeño al mercado local o los productos no procesados, serán la parte en la que nosotros podremos apoyar una idea de este tamaño, el consumo y la falta de responsabilidad con la que lo hacemos son un buena medida las causantes de los residuos.

Julio 2005

Biotecnología: selección natural vs selección artificial

Introducción

Los avances tecnológicos de la última década del siglo pasado han traído como consecuencia un desequilibrio en las leyes de la naturaleza. Los descubrimientos en los campos de la genética y la biología celular han permitido al ser humano manipular a la naturaleza y moldearla de acuerdo a las necesidades que se presentan para el bienestar y las mejoras de la calidad de vida de la especie humana.

En lo referente al tema de la evolución y la selección natural, este desequilibrio ha sido compensado con una selección inducida por el hombre y, por lo tanto, tenemos como resultado que los mecanismos de la ley de la supervivencia del más apto ya no se aplican; sino que, ahora, las nuevas especies o razas se manipulan en laboratorios mediante un proceso introductoria. Estas "nuevas especies" pasan a tomar un lugar en la cadena natural de competencia y adaptación sin pasar por el proceso natural de suceder a una especie; sino que vienen a compartir y manipular a ésta, dando como resultado una sobre población de especies nuevas que, poco a poco, empiezan a dominar y desaparecer a las especies que llevaron un desarrollo natural para ocupar su lugar en la cadena evolutiva.

Celso Furtado (1999,153) presenta la historia contemporánea como una variable básica determinada por la tecnología. Él sostiene la tesis de que cualquier cambio histórico del mundo moderno, se presente en la historia humana o en la historia del planeta en general, estará estrechamente ligado a los avances tecnológicos y el uso que les demos a estos.

Biotecnología, el nuevo caballo de Troya

Aunque la biotecnología es una rama de las ciencias biológicas que se ha venido desarrollando desde mediados del siglo pasado para las mejoras de las especies vegetales utilizadas por el hombre, ésta no tuvo importancia hasta 1998 cuando clonaron a la oveja DOLLY y salieron a relucir todos los posibles usos que se le podía dar a la clonación y la biología celular. A pesar de las reservas y los temores de la mayor parte de los seres humanos con respecto a la clonación, ésta se ha especializado hasta llegar a ser una técnica muy utilizada, no sólo en semillas y células, sino en mamíferos mayores. El grave problema de la clonación no viene de los implicaciones éticas y morales que se le quieren adjudicar y que son los fundamentos principales de los detractores de esta técnica, sino de los desequilibrios en materia genética y evolutiva de las especies clonadas y sus posibles adaptaciones e inserciones en nichos ecológicos conformados por especies no clonadas, así como las posibles cruzas entre ellas. Pero la biotecnología no sólo tiene que ver con proyectos de clonación. La mayor parte de las investigaciones biotecnológicas van encaminadas hacia la agricultura y el desarrollo de plantas y semillas más resistentes a los cambios climáticos y a los plaguicidas utilizados en esta área.

Los organismos genéticamente transformados, la clonación, las nuevas especies son productos de una nueva forma de evolución, donde las leyes de la naturaleza no tienen función y mucho menos participan en su creación. En La selección artificial de la que hablaba Darwin en su libro "El origen de la especies" está presente hoy en casi todas las formas de evolución que existen, y no sólo en la evolución de los seres vivos domesticados como lo proponía él. Tenemos una nueva forma de evolución ordenada y manejada genéticamente por científicos y empresarios que buscan la comodidad de las personas sin importar el desequilibrio que esto puede producir en la naturaleza.

La biotecnología en estos momentos es un arma de dos filos. Por una parte está el supuesto bienestar que ofrece a al hombre, en los campos de la medicina y la salud y, por otra parte, una realidad que ya está presente: un desequilibrio ambiental que va encaminado al progreso tecnológico y a los avances en la biología celular. Así que, aun con los beneficios presentados por las empresas y laboratorios encargados de practicarla, es hoy por hoy la principal razón de las luchas sociales en todo el mundo. Es claro ver cómo las reuniones de los diferentes gobiernos son siempre un escenario para la protesta contra los organismos genéticamente transformados, el desequilibrio ecológico y más usos bibliotecológicos.

Los nuevos investigadores y su papel ante la ciencia

Desde los griegos hasta los científicos del siglo antepasado, el papel de los investigadores era desempeñado por personas en una búsqueda de conocimiento y un fuerte respeto a la naturaleza y su entorno ambiental, era en su mayoría gente preocupada por el bienestar social y por buscar una mejor conexión con el entorno y el hombre.

Con la revolución industrial y las nuevas políticas económicas de apertura en los mercados nacionales e internacionales, así como los avances conseguidos por todos estos científicos, se presentó un cambio en el proceder de los grandes investigadores y científicos. EUA y Europa empezaron a pagar grandes cantidades de dinero a investigadores para que los descubrimientos no pasaran a otras manos. Las universidades, antes centros de enseñanza, se volvieron laboratorios en los cuales los nuevos estudiantes son enseñados a trabajar en relación a las necesidades de los gobiernos y las empresas, volviéndolos de cierta forma sicarios de la ciencia, vendidos al mejor postor. El mejor ejemplo de esto también es el más terrible, pues los grandes físicos exiliados en la segunda guerra mundial a EUA fueron los responsables de la teoría que dio paso a la bomba atómica y también fueron los responsables de su construcción y las pruebas hechas antes de ser soltadas en Japón. ¿La razón? Alemania estaba preparando algo similar.

Esto nos pone a pensar en el papel que tienen los nuevos científicos y los nuevos descubrimientos.

En el campo de la biotecnología y el uso que se le da a la misma se puede cuestionar a estos investigadores si realmente están haciendo algo útil para la humanidad y el planeta en general o si sus procedimientos son responsables del deterioro ecológico existente. ¿Cuál es realmente el papel de un investigador cuando empieza un nuevo trabajo? ¿Cómo debe definir su postura ante la naturaleza?

Es necesario definir los parámetros que llevan a un investigador a dedicarse a tal área y a los posibles descubrimientos que éste pueda conseguir, mantener una postura clara de lo que pueda significarse un avance y lo que éste pueda representar a la sociedad en total; también se debe tener en cuenta que antes de llevar a cabo cualquier acto se debe planificar hasta dónde es compatible con las leyes de la naturaleza y qué tanto puede afectarla, pues los desequilibrios que ésta presenta, siempre tienen un afectado inmediato que puede ser el hombre. Debemos tener presentes a los investigadores de antaño y saber que, cualquier persona que haga ciencia, tiene un compromiso, no sólo con la institución de la cual recibe su salario, sino con la sociedad y la naturaleza, dos compromisos muchísimo más fuertes que cualquier paga o puesto que se pueda recibir.

El fin justifica los medios

Los grandes laboratorios dedicados a experimentos genéticos, siguen aferrados a que estos no perjudican la salud humana (del perjuicio ambiental pocas veces hablan), de un avance evolutivo correcto con respecto a sus experimentos y el desarrollo de los mismos. Entre los grandes avances que muestran en el campo de la medicina y la alimentación, tienden a decir que la salud humana es el principal propulsor de la misma y que el uso médico en alimentos y en medicinas justifica lo que hacen; sin embargo, no mencionan los efectos secundarios que estos puedan tener en la salud humana (en el uso de alimentos genéticamente transformados) o en la evolución natural que puedan tener las bacterias genéticamente modificadas para el uso de medicina como la creación de insulina y anticuerpos contra el VIH. Los seres vivos no son predecibles. Reaccionan de distintas formas y trasmutan y evolucionan sobreviviendo los más adaptativos. Creer que se pueden controlar por medio de un laboratorio y el ser humano es un tanto ingenuo como irresponsable. La biotecnología, al ser una ciencia relativamente joven, puede justificar sus procedimientos; pero, al pasar el tiempo, veremos los resultados. Recordando una escalofriante película de ciencia ficción llamada MIMIC (1998), donde el uso de la biotecnología pone en peligro al ser humano, no estaría de más mencionar una realidad presente en esta película: Jugamos a ser Dios, no a ser la naturaleza. Queremos crear seres perfectos a los que no les pase nada, controlar su crecimiento, su desarrollo y su muerte y esto, como científicos e investigadores, no sólo peca de ignorancia sino que nos deja muy mal parados en nuestra necesaria imparcialidad y la búsqueda de la verdad para seguir encontrando más preguntas.

¿Política científica?

Hablar de política científica sería englobar los problemas que la ciencia y los avances tecnológicos tienen dentro del panorama político. Es claro que el presupuesto de las naciones y la apertura a las empresas dedicadas a la investigación científica son más notorias, así como los beneficios que estos dejan a los gobiernos, pero ¿realmente la sociedad se beneficia de esto? ¿Los avances tecnológicos muestran mejoras en la calidad de vida de las personas? Arie Rip (1981) decía que el panorama de la política científica se refiere a las gestiones necesarias para legitimizar los avances tecnológicos y fomentar el uso de nuevas tecnologías o tecnologías emergentes, con esto se refiere a renovar e innovar el uso de la tecnología. Esto podría parecer una idea novedosa y hasta aplicable, pero una vez más tenemos la carrera científica en la cual hay un gran avance tecnológico y un crecimiento acelerado fomentado por los laboratorios y empresas que, mediante las nuevas políticas económicas y de desarrollo mantienen un paso acelerado en la invención de nuevas técnicas y mejoras de las viejas logrando con esto una saturación de tecnología que en muchos de los casos resulta obsoleta y poco práctica.

En el campo de la biotecnología, la política ha mantenido el cerco que la misma sociedad le ha impuesto. Existen numerosos tratados y convenios firmados por las naciones para prevenir cualquier peligro que puedan traer las nuevas técnicas biotecnológicas; sin embargo, en los últimos años, la mayoría de las universidades y colegios (mayormente privados) están incursionando en el campo de la biotecnología. Los organismos genéticamente modificados y la clonación han pasado a ser del uso común y ya nadie desconoce la palabra transgénicos, la poca regulación existente a estas instituciones nos hace pensar en la necesidad de un cambio en las políticas científicas que existen, llevando una regulación a nivel de país y no de organismos o naciones, con lo cual y, mediante el uso legal de los derechos nacionales, muchos países logran introducir y experimentar con la biotecnología de una manera descuidada y sin reglamentación. Una revisión de las políticas públicas de cada país para regular el uso de los organismos genéticamente modificados puede dar como resultado un desarrollo científico responsable y comprometido.

El futuro de la selección natural y las leyes de la naturaleza
Sabemos que nosotros somos el resultado de millones de años de evolución, desde las primeras células y a través de sucesivos pasos en los cuales las ramificaciones daban individuos y especies diferentes. Cada una de las divisiones fue un paso evolutivo. Cada especialización derivó en organismos diferentes que se adaptaron a su ambiente. Todos los organismos comparten diversos ambientes pero utilizan recursos diferentes del mismo. Este mecanismo se basa en una nueva información genética que da como resultado una nueva especie que se adaptará o morirá de acuerdo con el medio ambiente; es decir, las constantes mutaciones que hace la naturaleza llevan como resultado final a la evolución; pero, con las nuevas técnicas, los avances modernos y la biotecnología, la nueva información se

está perdiendo, dando como resultado una pobre selección natural, dominada por la selección artificial y el poder del hombre sobre la naturaleza.

El hombre ha llegado a especializarse tanto que en el campo de la ciencia ya no existen investigadores capaces de conjugar diferentes ramas de una ciencia (genetistas, evolucionistas, etc.), existen especialistas que pasan por alto los efectos secundarios que puedan tener sus descubrimientos, dando como resultado los problemas ambientales que existen hoy en día.

La selección natural está a un paso de desaparecer y, con esto, toda forma de naturaleza. El hombre será el encargado de definir los estándares que regirán las nuevas leyes evolutivas, ligándolos a sus propias necesidades de supervivencia. Las leyes de la naturaleza serán cambiadas por leyes manejadas en laboratorios y regirán las necesidades económicas que la selección artificial imponga a este nuevo modo de vida.

Conclusiones

Es necesario para cualquier investigador de las ciencias biológicas preguntarse qué tanto puede perjudicar el ambiente con sus descubrimientos, entender que el rol que jugamos dentro de la cadena evolutivo ya no es primordial para el funcionamiento de la naturaleza. Entonces, como tal, debemos aprender a ser necesarios. Esta especialización a la que hemos llegado y esta "independencia" de las leyes naturales nos pone en un peligro latente, pues en estos momentos podemos jugar a ser dioses, podemos intentar crear seres perfectos y controlables, incluso los podemos crear en serie, idénticos y sin defectos. El verdadero problema vendrá después, cuando la falta de información genética a la que estamos llevando a las especies entrará en un colapso evolutivo y las nuevas mutaciones muy posiblemente no respondan a las necesidades del ambiente.

Bibliografía:
Darwin, Charles. El Origen de las Especies. Tercera Edición.
Editorial Porrua: México, 1996.

Darwin Charles. *El Origen del Hombre. 12va Edición. Editorial EDAF S.A.: México, 1990.*

Furtado Celso. *En busca de un nuevo modelo: reflexiones sobre la crisis contemporánea. Primera Edición. Fondo de Cultura Económica. Argentina. 1999.*

Rip Arie. *Origen y Desarrollo. Primera Edición. Fondo de Cultura Económica. Argentina. 1981*

Julio 2005

El comercio de las teorías

"Gris es toda teoría, verde es el árbol
de oro de la vida"
Goethe

La modernidad, la agricultura industrial, la tecnología y todas
esas maravillas de las que
hablan los diferentes gobernantes son lo que están matando el
mundo y esto no solo es a nivel ambiental, es a nivel social, a
nivel de comunicación y a nivel de individuo.
Este "progreso" del que nos vienen hablando por lo menos los
últimos cien años no a sido ni justo ni equitativo y con el paso
del tiempo se a convertido en un feroz verdugo y en un voraz
consumidor.
Todos hemos escuchado hablar del calentamiento global de la
crisis del campo de la basura que producen las ciudades, es tan
grave que los intelectuales y grandes pensadores modernos han
encontrado una frase que acuñe estos nuevos costos que
pagamos por el progreso y el postmodernismo al que nos
estamos acercando.
Estas nuevas frases que ya encierran toda una teoría para seguir
alimentando a los parásitos de la idea y de miseria humana son
el costo social y el costo ambiental que pagamos por la
modernidad y las comodidades que esto conlleva.
Es lógico entender la teoría newtoniana de que a toda acción
conlleva una reacción de igual magnitud pero en sentido
inverso, los avances tecnológicos a llevado a darle comodidad a
la especie humana, eso es cierto, las nuevas tecnologías nos
permiten vivir mas tiempo, ahorrarnos mas tiempo e incluso no
morir –ya es posible clonarnos a nosotros mismos y con esto ser
inmortales- es obvio el costo que esto tiene no se necesita ser un
intelectual sociológico para entenderlo, ni mucho menos un

economista de wall street para definirlo, lo estamos viviendo, el planeta esta pasando por una crisis que va mucho mas allá de lo que nos puede importar como civilización, nuestras acciones están afectando directamente a otras especies y su relación con ellas, el efecto mariposa o el efecto domino empiezan a tener una terrible visión de nuestro futuro y sin embargo insistimos en seguir adelante al paso de la modernidad, no importando el precio a pagar.

Costos sociales + Costos Ambientales = Destrucción del planeta

Antes de definir lo que son los costos sociales y ambientales de los que tanto se habla hoy en día podríamos empezar por hablar de la civilización y el comercio las dos causas mayores de la situación actual del mundo.

Mucho se a hablado en el movimiento primitivista sobre la acción de la agricultura como la base de la civilización actual y el resultado final de lo que estamos viviendo, si bien es cierto que los últimos descubrimientos de los antropólogos sociales demuestran como en el momento que el hombre paso de ser recolector-cazador a agricultor se sentaron las bases para la división del trabajo y con esto la división clasista y de poderes es muy poco lo que se sabe o se busca del comercio de estos grupos entre si mismos y la posibilidad de conjuntar estos dos fenómenos para construir las bases de lo que hoy conocemos como capitalismo, no obstante esta falta de literatura sobre el comercio en la edad temprana de la civilización, de la historia de los imperios romanos, egipcios, etc. se conoce bastante de su imperio y posterior caída.

El comercio a estado presente en el hombre en toda la historia de la civilización, podemos llamarles reyes y feudos, esclavos, etc., etc. pero existían las clases dominantes y dominadas, dejando siempre costos que al final pagaban todos.

El mundo moderno y especialmente las nuevas formas de gobierno en el cual se exigen teóricos "rabiosos" y "críticos" del sistema, los cuales no solo nos personajes que viven del mismo sistema al que atacan sino que desde una perspectiva de observadores desarrollan sus teorías sobre las clases dominadas y sus carencias, denuncian las barbaridades del capitalismo y ofrecen alternativas reformistas que nunca se llevaran a cabo pues su poca participación con la clase oprimida y el poco conocimiento que arrojan sobre ella en sus teorías, sirve mas para darle a un sistema -causante de todos los daños que tenemos encima-, de ser un sistema abierto que permite la critica en el se puede quejar sin temor de ser asesinado o desaparecido, el comercio rige la nueva y la vieja forma de civilización, y las nuevas tendencias comerciales especializan el trabajo de tal forma que una sociedad sin libre comercio esta condenada a desaparecer y quedar fuera de la tajada mundial de los recursos humanos y naturales disponibles para quien tenga el dinero suficiente de usarlos.

Se define como costo social a toda aquella actividad realizada por la especie humana en la cual el costo de producir determinada tecnología es mayor a el beneficio alcanzado por su maquilador, ejemplos puede ser los chips para los nuevos procesadores, los cuales pasan por diferentes manos antes de ser ensamblados y los cuales sus maquiladores nunca utilizaran, el costo incluye la salud por trabajar con tóxicos, el hambre por la mala paga y la especialización del trabajo que nos vuelve parte de una maquina. En tanto que el costo ambiental se refiere al aprovechamiento de los recursos naturales y la manera que lo hacemos es decir las crisis que viven tanto el campo como la pesca en la mayoría de los países es el costo ambiental que estamos viviendo de una sobre explotación de los recursos naturales agotados al máximo y sin esperanza de una pronta recuperación, ninguno de estos dos costos se puede evaluar en cifras, ni tienen un pago en especie, solo definen la problemática que vivimos y de que forma nos afecta, sin llegar al verdadero culpable.

Si pudiéramos poner un precio a pagar por estos costos seria la destrucción de la civilización actual y la recomposición de una nueva en la que la base del desarrollo y de la felicidad de la especie humana no estuviera ligada al comercio y el consumo.

Teorías van Teorías vienen

El siglo veinte se caracterizo por ser el siglo de las ciencias sociales, el auge que estas tomaron solo es comparado con el movimiento científico del siglo XVIII y toda la revolución que este arrojo y los nuevos paradigmas adoptados en todos los campos de las ciencias exactas, en este siglo pasado los intelectuales de las ciencias sociales apoyados por las grandes revoluciones agrícolas e industriales que vinieron dándose, dieron el punto de partida para que nacieran nuevas teorías abrazadas a las ideas de las necesidades de la clase oprimida y las barbaridades de la clase opresora, aunque hasta mediados del siglo pasado el socialismo y la izquierda marxista tuvieron una fuerza y daban esperanza de un mundo mejor este cayo al pasar de ser una practica social a una gran maquina burocrática opresora, los errores que los comunistas libertarios encontraban en este teoría terminaron por convertirse en realidades.

Con la caída del sueño socialista y el nuevo orden mundial, donde el libre comercio es el que gobierna y las grandes decisiones se toman desde el fondo monetario internacional, las nuevas teorías tratan de homogeneizar los problemas y buscar responsables a todos los niveles, las nuevas teorías sociales se han convertido en letras vacías analizadas por los mismo que las inventan y muy poco comprendidas por la sociedad civil sedada por la televisión y el consumismo del libre comercio, pasamos de Bakunin y Magón a Giddens o Chomsky, de la rabia y el sentir proletario a la retórica académica, ya no existe un entendimiento de entre los teóricos y la sociedad civil y mientras los primeros intentan dar estadísticas y formar opinión entre los intelectuales e investigadores de la problemática social, el mundo empieza a hundirse en el vació creado por el mismo sistema que aprovecha al máximo todos los recursos disponibles para seguir manteniendo una clase privilegiada y alejada de la realidad social y ambiental.

A los que hemos llegado solo han servido para una cosa, comercializar el planeta y venderlo al mejor postor, el cual ya no es un imperio inamovible de una sola nación, hoy en día los imperios son formados por las grandes corporaciones que dictan el destino del mundo desde las bolsas de valores.

Los problemas ambientales y sociales que venimos cargando desde mediados del siglo pasado se deben principalmente a la apertura comercial a la influencia de los avances tecnológicos dentro de los gobiernos y a la modernidad a la que pretendemos llevar a la especie humana.

Diciembre 2005

Ordenamiento Ecológico en la región del golfo de California

Uno de los grandes problemas que ha venido vislumbrando el nuevo gobierno, es la falta de sutentabilidad de los estados de la república, así mismo la necesidad de un plan para que estos Estados al igual que la Federación, abran las puertas a oportunidades de crecimiento, con esto en puerta el Gobierno Federal autorizo un proyecto que había estado guardado por mas de 20 años, el mega proyecto turístico Escalera Náutica (o Escalas Náuticas SINGLAR), este proyecto fue anunciado con bombos y platillos por el Presidente Vicente Fox, desde su campaña hasta ya el comienzo de su mandato, se hablaba de un mega proyecto con campos de golf, 22 marinas, aeródromos, hoteles y un sinfín de construcciones mas, con lo cual el Golfo de California pasaría competir con las costa de España. Debido a la oposición de diferentes ONGs y de la sociedad civil, el proyecto fue cambiando hasta presentarse como un proyecto de sustentabilidad para las comunidades del Golfo, así que ahora nos presentan un proyecto más pequeños con 11 marinas, hoteles pequeños y las grandes construcciones se quedan para una mejor ocasión.

A la par del proyecto Escalera Náutica, el Gobierno Federal hablo de la necesidad de un ordenamiento ecológico de la región del Golfo de California, un proyecto que en el papel nos entusiasmo e ilusiono con un trabajo que veíamos como una necesidad para el desarrollo sustentable de la región, la cual al estar uniendo a 5 estados es necesario el ordenamiento, ya que el aprovechamiento de los recursos naturales como se dan en este momento no solo no es equitativo, sino que están entrando en una etapa de peligro, pues al no existir un ordenamiento estos no son tan fácil de registrar y mantener una veda o un control sobre los mismos. Este ordenamiento tal como fue propuesto por el

Gobierno, no sé ha llevado a cabo; nunca se han otorgado fondos para su realización, mucho menos se ha dado la promoción necesaria para empezar a trabajar en el proyecto. Algunas ONGs han trabajado por este ordenamiento formando una red a nivel regional para por lo menos llevar un registro del aprovechamiento de los recursos naturales, pero hasta este momento es todo lo que a ocurrido en relación a este ordenamiento del Golfo, un proyecto que se dijo iría a la par del proyecto Escalera Náutica, y sin embargo, este ultimo ya se encuentra en carácter de revisión por la Semarnat y del ordenamiento nada, el cual es necesario pues este arrojaría la información necesaria de las necesidades y las precauciones a tomar en el proyecto para un aprovechamiento de los recursos de una forma sostenible en toda la región. Sin un ordenamiento de la región es difícil que se pueda llevar a cabo un proyecto tan ambicioso como lo es la Escalera Náutica.

Un ordenamiento ecológico se espera regular las actividades y procesos asociados al aprovechamiento del mar de cortez y su área de influencia costera e insular, delimitando las zonas ecológicas las zonas de productividad que en se alojan, estableciendo de esta manera estrategias y lineamientos de manejo con previsiones tanto para las zonas protegidas, como para las zonas productivas, creando así un desarrollo sustentable y ecológico. este proyecto de clasificar las zonas y proteger los recursos naturales son importantes en cualquier ecosistemas, por las condiciones del Golfo y su gran diversidad tanto biológica como cultural, es de vital importancia un ordenamiento, puesto que tanto los gobiernos estatales, municipales y federales se han olvidado del para poner marcha las escalas náuticas, es responsabilidad de las ONGs y la sociedad civil trabajar en conjunto para que el ordenamiento se realice.

¿Por qué es de vital importancia este ordenamiento?
A pesar de los cambios en las escalas náuticas y el intento de darle un enfoque de sustentabilidad al proyecto, así como una intención de proteger las zonas protegidas, esto no se da en las

medidas en que un ordenamiento le daría; al leer la MIA (Manifestación de Impacto Ambiental) presentada por Fonatur para la construcción de las escalas náuticas nuevas así como de las móviles, queda la impresión de que este manifiesto fue hecho por gente que no solo no conoce la zona, sino que no mantuvo un contacto y una aceptación de las comunidades afectadas, a no ser de los municipios grandes y con una clara influencia turística, los cuales por obvias razones no ven con malos ojos un proyecto de tal magnitud, lugares como La Paz, Guaymas, Puerto Peñasco, Ensenada y otros, son municipios que ya viven del turismo y una entrada mas no afecta en mucho, en estos lugares donde que los navegantes ya conocen e incluso mantienen una relación con las marinas, las construcciones no serán mucho, casi todas están funcionando y tienen la capacidad necesaria para los primeros años de funcionamiento, no se puede decir lo mismo de las zonas en donde se construirán marinas nuevas o se pondrán marinas móviles, ya que los lugares donde se construirán marinas nuevas, como en el caso de Bahía de Kino y Huatabampito en el Estado de Sonora, existe un desconocimiento del proyecto en algunos casos, nunca se les a informado nada por parte de los promoventes con respecto a este proyecto, estas zonas son mayoritariamente pesqueras con cierta agricultura, las cuales no están muy interesadas en ser prestadoras de servicios turísticos, por lo menos en el caso de la comunidad de bahía de Kino, no como lo proyectan las escalas náuticas, así mismo, en el estado de Sonora la construcción de las marinas nuevas no están directamente en las cabeceras municipales, de esta manera los gobiernos estatales, no han pedido la aprobación o la captación por parte de las comunidades, las cuales en estos momentos están pasando aun mala racha, debido a la escasez de pesca y la falta de agua para la agricultura. Las marinas móviles están pensadas a poner en zonas naturales protegidas, estas marinas que serán controladas por Fonatur no presentan un plan de seguridad para con estas zonas, ni un plan de turismo de bajo impacto. Un ordenamiento de la región permitiría observar las necesidades de la región y sus posibles soluciones, con un impacto mínimo ante los ecosistemas y una participación real de la comunidad en la construcción de alternativas para las mejoras de la misma, con el ordenamiento se controlaría no solo la entrada de las embarcaciones a la zona, sino sus actividades dentro de ella, una vez mas involucrando a la comunidad en la protección y cuidado de la región.

Ordenamiento Ecológico y las Zonas Naturales Protegidas

El Golfo de California tiene la mayor cantidad de áreas protegida del país, teniendo de la misma manera la cantidad de especies endémicas mas grande de México, por estas dos razones ya convierten a la región en una zona de cuidado especial, sin mencionar las mas de 100 islas e islotes que se encuentran dentro de ella y los cuales sirven de abrigo a muchas especies de aves y pequeños mamíferos, el santuario ballenero y una especie en peligro como la vaquita marina. Estas áreas ya están bien delimitadas e investigadas y aunque forma parte de diferentes áreas naturales protegidas, podríamos hablar de una sola área natural protegida: el Golfo de California.

Estas áreas naturales protegidas no están cerradas o estrictamente vigiladas prohibiendo la entrada a ellas al contrario en algunos lugares el eco turismo o turismo de bajo impacto forma parte importante de la entrada de dinero de los pobladores de las zonas; los santuarios balleneros tienen una cantidad considerable de visitantes cada año y lugares como Sta Rosalía, Punta Abreojos y San Juanico son visitados todo el año por surfistas y wind surfistas, los cuales dejan también una cantidad de dinero, lo mismo sucede con el parque nacional Loreto (B. C. S.) y el próximo parque nacional Bahía de Colorado (B. C. S.), lugares que en menor medida son visitados, pero que aun así tienen una entrada turística considerable al año, permitiendo un mejor desarrollo no solo para la zonas protegidas sino para la comunidad en general. El desconocimiento por parte de los promoventes a la zona y la poca preocupación por parte de los involucrados con toda la región y no solo con el lugar de su inversión, ponen en peligro zonas que deberían ser cuidadas y manejadas desde una perspectiva ecológica.

Las Comunidades Pesqueras e Indígenas y el Ordenamiento Ecológico

La pesca tradicional en el Golfo esta presente en toda la región, algunas comunidades, presentan signos de modernidad y los pescadores solo forman parte de grandes flotas o trabajan en empacadoras, o simplemente la pesca tradicional ya no existe, fue cambiada por la prestación al servicio del turista; aun con estas inconveniencias la pesca tradicional es el principal ingreso que tienen las comunidades pequeñas del Golfo, las cuales con la falta de regulación y de aplicación de las leyes, están en peligro de desaparecer, dejando a cientos de familias sin un sustento. En el estado de Sonora, principalmente en las zonas planeadas para la construcción de las escalas náuticas, este problema ya empieza a tener repercusiones en la zona de Bahía de Kino la migración de la gente joven a el Municipio de Hermosillo es común, la gente que se dedica a la pesca es gente adulta y pocas veces se ven jóvenes practicando esta labor. Lo mismo se ve en las zonas indígenas, es fácil comprometer una creencia y una cultura en el afán del "progreso" y la modernidad que ofrecen las ciudades, existe una necesidad de revalorizar las costumbre y culturas que han permitido que el Golfo de California se mantenga en el grado de urbanización que actualmente presenta, y para esto debe realizarse un ordenamiento ecológico en el que se legisle y regule la practica de la pesca, ya que de este modo se puede lograr un exitoso desarrollo sustentable para la región.

Ante la Globalización: Sustentabilidad

Tanto la palabra globalización como sustentabilidad han cobrado mucha importancia en los últimos años, los gobiernos utilizan están palabras como sinónimo de progreso y avance, en algunos casos estas palabras son utilizadas para lograr un propósito diferente al deseado, la palabra globalización no significa necesariamente algo malo, un ordenamiento ecológico como el pretendido para el Golfo de California traería consigo un trabajo de unificación de una zona que necesariamente debe ser protegida por los cinco estados que viven de ella y sustentabilidad de la forma que el Gobierno Federal ha venido aplicándola, no significa mejoras para las comunidades involucradas, existe una necesidad cada vez mayor de la participación de las comunidades en la toma de decisiones.

Enero 2006

LA FRONTERA EN RIESGO: La expropiación de la tierra en la frontera

Desde antes del TLC con U$A y Canadá, la frontera de México con U$A a sido el patio trasero de Norteamerica, la franja fronteriza desde mediados de los ochenta a sido invadida por las grandes corporaciones y sus maquilladoras, trayendo a esta región desigualdad, segregación violencia y contaminación

Una vez en marcha el TLC la situación se agravo, pues con este tratado de libre comercio, las empresas tuvieron una herramienta legal para instalar sus proyectos en México y mantener el control de las mismas, el patio trasero se amplio en cantidad de proyectos en una misma región, agravando el problema de salud y contaminación

Con la llegada del llamado "Gobierno del Cambio"los proyectos neoliberales tomaron una fuerza mucho mayor y viejos planes y proyectos de expropiación se pusieron en marcha, el Plan Puebla Panamá, la Escalera Náutica y proyectos de energía de compañías multinacionales, muchos de estos con una fuerte resistencia civil.

Aunados a estos proyectos promovidos por el gobierno federal, en los estados fronterizos se han puesto en marcha proyectos de expropiación que ponen en riesgo la biodiversidad de las regiones, así como las culturas indígenas

La escalera náutica: primera derrota regional

Uno de los proyectos que el Gobierno del Presidente Fox promovió con mas fuerza, fue el proyecto de la Escalera Náutica en el Mar de Cortes, un proyecto que se había mantenido en los escritorios de la presidencia por mas de 30 años que pretende unir el Golfo de California y el Océano Pacifico por medio de marinas para promover el turismo náutico, fue promovido por FONATUR , -órgano descentralizado del Gobierno Federal, el cual ya tenia como antecedente el fracaso de Cancun- y apoyado por la mayoría de los gobiernos estatales involucrados.

Este proyecto a sido aprobado por las instancias gubernamentales correspondientes y a pasado por todas las regulaciones y con el apoyo silencioso de la sociedad civil, el año 2003, fue anunciado su puesta en marcha, con nueve marinas de las once que se piensan construir y se piensa para el 2007 tener todas las escalas funcionando.

Se tiene que mencionar que FONATUR como promovente, se a dedicado a la compra de tierras y la especulación de las mismas, siendo las marinas solo una pantalla para la construcción de grandes hoteles, campos de golf, aeropuertos, etc.

La comunidad ambientalista organizo consultas de información sobre el proyecto, así como algunas acciones concretas que tenían mas que ver con llevar el proyecto al marco de la legalidad y buscar que este se apoyara a los criterios de "sustentabilidad" enmarcados en una economía neoliberal y global, se hizo activismo de lobby, se formularon recomendaciones al Gobierno, el cual acepto todas, volviéndose condicionantes para la construcción de las marinas promovidas por FONATUR.

Mientras esto sucedía y los ambientalistas de la región festejaban su "victoria", el Estado empezaba su campaña de compra de tierras, que se ha convertido en la especulación y la entrada de las grandes cadenas de hoteles, las cuales si construyeron campos de golf, hoteles de cinco estrellas y todo a lo que FONATUR le dijo no, pero que por abajo de la mesa, dio la pauta para su construcción

Los proyectos energéticos en la zona fronteriza
Una vez empezado el proyecto de la Escalera Náutica y con la poca resistencia de parte de la sociedad civil, la cual no entiende bien de que se trata el proyecto y una comunidad ambientalista mas preocupado por hacer el lobby que una resistencia real y de participación social, otras ideas que se estaban proyectando terminaron por cuajar y pasar de una idea a una realidad, no solo

con la aprobación de los Gobiernos sino en muchos de los casos de las mismas ONGs ambientalistas de derecha, activistas de salón, que poco les importa lo que se va perder una vez puesta en marcha dichos proyecto.

La región del Golfo de California, una región fronteriza, otra vez es afectada por los planes de U$A y en tres Estados se planea construir o se han construido plantas de Gas Natural para satisfacer las necesidades de los Estados Fronterizos de Norteamerica.

Estas plantas están planeadas a construirse en Baja California, Sinaloa y Sonora, muy cerca de las marinas o los sitios elegidos por FONATUR para la Escalera Náutica

La visión es clara, aunque el gobierno federal no lo diga y parezca no existir una relación entre los proyectos energéticos y los proyectos turísticos, mas allá de ser proyectos extensionistas, donde el papel de especulación juegan un papel importantes, la relación me parece evidente, con esto las corporaciones piensan extender su brazo mas allá de la franja fronteriza, donde ya están bien instalados, ahora piensan extraer de las costas, sus lugares de esparcimiento y su energía, a costo de la perdida de una las regiones mas importantes a nivel mundial, como lo es el Golfo de California.

A manera de conclusión

Mientras que la comunidad ambientalista regional, mantiene una postura de no confrontación y mas colaboración a los proyectos y a nivel internacional, el problema es minimizado, la región fronteriza México-Estados Unidos a pasado a ser una de las regiones con mas problemas de justicia ambiental y social. La violación de los derechos mas elementales son violados día a día, así como perdemos grandes extensiones de territorio y especies, que en algunos de los casos son "protegidas" por normas del Gobierno Federal; es el momento de unificar fuerzas y pasar a la acción pacifica y de resistencia, ante un problema de nos atañe a todos, no solo es un problema del lado Mexicano sino también es un problema para los Norteamericanos y es responsabilidad de la sociedad civil de parte de los dos lados actuar a favor de la justicia social y ambiental de la región, una región que conocemos, amamos y nos importa.

Marzo 2006

Hacia la privatización del agua: La farsa del IV foro mundial del agua

El modelo neoliberal que ha estado presente en los últimos treinta años como forma de gobierno en los países desarrollados y en vías de desarrollo ha ido sentando las bases para la privatización de los recursos de las naciones. Hoy en día los países hablan de convertir lo publico en lo privado, basado en el libre comercio, en la participación social y del sector económico, para esto han abaratado los servicios y los bienes de la nación, con el pretexto de "un mejor funcionamiento" si se encargan de ellos el sector privado.

En los ultimo treinta años hemos visto como a ido dándose en todos los países privatizaciones desde la banca, hasta el agua y la energía, recursos que deben de ser de la nación y no de un sector, también en los últimos años se a visto una resistencia contra esta privatización, sobre todo en países latinoamericanos.

Las crisis sociales y ambientales, han servido para que los gobernantes inventen nuevos términos y busquen nuevas formas de privatizar los recursos naturales, ahora tenemos a las autoridades hablando de "participación social", "desarrollo sustentable" y mas frases que vienen acuñar una nueva forma de privatizar y comercializar los recursos del pueblo.

Para la década de los 90 y con un modelo económico mas o menos establecido en la mayoría de los países del occidente, se empezó hablar de la "crisis del agua", de la necesidad de mejorar y de gestionar el liquido y desde la OMC se plantea el agua no como un recurso natural o del pueblo, sino como un recurso económico y se plantea el mercado del agua, con en el propósito de la privatización, así el FMI y e BM comienzan a mover las piezas, para que con un carácter falso de preocupación por el agua y la sociedad inventan en 1996, el Foro Mundial del agua, desde donde y financiado por el Banco Mundial surgen, instituciones como el **Consejo Mundial del Agua**, Asociación **Mundial del Agua** y Comisión **Mundial del Agua para el siglo XXI**, todas ellas creadas con el propósito de promover la venta y el comercio de las cuencas hidrográficas, ya no solo del agua per se, sino de todo lo que una cuenca conlleva.

La privatización en México

La llegada de Fox a la presidencia y el sonado cambio que nuca se vio reflejado en la sociedad civil, sino en la era de las privatizaciones y el deslinde de responsabilidades, se vio reflejado también en el agua, la descentralización de los organismos operadores, (iniciativa propuesta e iniciada en 1983 con los cambios al articulo 115 de la constitución) y de la Comisión Nacional del Agua (CONAGUA), la formación de los Consejos de Cuenca y demás farsas orquestadas por el gobierno federal, han dado como resultado una privatización del agua a nivel municipal, los casos de Cancun, Saltillo y Aguascalientes, son emblemáticos, una empresa privada se encarga del organismo operador y los que resiente esto es la sociedad, pues los altos costos del agua no permiten que este llegue a todos, el sector privado impone sus propias condiciones y los gobiernos municipales están atados a esto.

De igual forma los consejos de cuenca, un invento del gobierno federal para responsabilizar los usuarios del problema del agua, es otro intento de privatización, pues lo poco operativo del los mismo, así como su organización, que no permite a los consumidores participar -entiéndase como usuarios a los ganaderos, industriales, agricultores y gobiernos municipales- lo vuelve un peligro latente de convertirse en herramienta de privatización.

Con este panorama y con las ventajas para el libre comercio que presenta el gobierno del cambio, México sera la sede para el IV Foro Mundial del Agua, el propósito cada vez esta mas definido, este foro servirá como marco para la venta del agua en México. Organizado por el Gobierno Federal y su organismo descentralizado CONAGUA, por la ONG Canadiense Fresh

Water Action y el Consejo Mundial del Agua y patrocinado por el Banco Mundial, la nula participación de la sociedad civil en el foro y la falta de espacios para la discusión sobre la verdadera crisis del agua, nos hacen pensar que el circo del IV Foro es solo una pantalla para lo que viene: el comercio del agua, la lucha de las corporaciones por apropiarse del recurso y darle un valor económico.

La sociedad civil, la resistencia, las propuestas
En abril del 2005 se llevo a cabo en la ciudad de México el primer taller popular sobre la defensa del agua. desde donde salieron las siguientes modalidades de privatización que estamos viviendo:
- Privatización de los servicios de agua potable en zonas urbanas
- Privatización de los territorios y bioregiones
- Privatización por desviación de aguas
- Privatización por contaminación
- Privatización por embotellamiento de agua
- Monopolio de las tecnologías
    Y la premisa del Gobierno Federal para permitir esta privatización a sido básicamente con tres argumentos:
  - Crecimiento poblacional
  - Justo Valor económico
  - El Fracaso del Estado

En otra ocasión y después del IV Foro pondremos estos temas sobre el teclado y analizaremos la farsa de los mismo, basados en las modalidades de privatización antes mencionadas, lo importante ahora es la participación de la sociedad civil en la lucha contra la privatización del agua. Lamentablemente en México la lucha a sido poca, aun a pesar de que la privatización ocurre casi a diario y las manifestaciones o resistencias que se llevan a cabo, se suelen ver como problemáticas locales. Es urgente planear mas allá del IV Foro Mundial del Agua, involucrarnos en la defensa de un recurso ya establecido también como un derecho humano por las Naciones Unidas, muchas veces no vemos el problema del agua como algo inmediato, como algo que nos afecta en la vida diaria, nos hemos tragado el discurso oficial de la "crisis del agua" y no exigimos nuestro derecho.

Mas allá del Foro Mundial, tenemos un compromiso de mantener nuestra independencia del liquido vital, regresar a los viejos modelos de gestión de agua (¿autogestión?) la autonomía de nuestros recursos naturales y si no empezamos por el importante, el que permite la vida, la cooperación, el asentamiento humano y la diversidad, entonces nuestra batalla por todo lo demás esta perdida.

Abril 2006

El doble filo de la justicia ambiental

Desde la cumbre de Río en 1992, la frase "desarrollo sustentable" ha permeado los discursos políticos de los gobernantes y de los empresarios con miras a seguir desarrollando un modelo económico cada vez más verde, e inventa nuevas formas de justificar los problemas ambientales ocasionados por el mismo modelo económico. Ya para 1994, las cumbres de desarrollo sostenible eran una realidad y los "green watchers" u organizaciones sociales comprometidas con empresas privadas, desarrollaban proyectos y planes de acción que no tocaban la problemática social, ambiental o económica de fondo sino de forma; es decir, buscaban solucionar los problemas ambientales desde la perspectiva económica actual, que no permite un desarrollo justo o equitativo, sino que inventa paliativos o maquillajes para justificar la inequidad social y el deterioro ambiental que existe en el país.

El propósito del desarrollo sustentable aun no queda muy claro para los "expertos del tema". Se piensa en él desde una perspectiva pequeño burguesa y paternalista, donde la principal preocupación es mantener el consumo y el comercio de los recursos naturales. Se justifican pensando en el cuidado de medio ambiente para las "futuras generaciones" y la supuesta justicia social que este comercio de los recursos trae consigo.

El desarrollo sustentable se configura como una equidad entre la justicia social, económica y ambiental, en las comunidades actuales, pensando en las generaciones futuras sin una critica o un sistema real para combatir el sistema económico actual; es decir, la propuesta sigue siendo de forma y no de fondo y ésta puede ser la principal crítica a un supuesto modelo de desarrollo que ha pasado a formar parte de un discurso político más que a ser un método para combatir los problemas reales del mundo.

Está de más mencionar lo difícil que, en el modelo neo liberal y/o capitalismo, se consiga una justicia que permita la equidad económica y social entre la población. Estas dos bases del desarrollo sustentable entran en un conflicto directo entre la economía neo liberal y la equidad que vive la ciudadanía. Si echamos un vistazo al discurso de sustentabilidad podemos ver la falta de coherencia entre la práctica y la teoría. Es imposible que, basados en un modelo de consumismo y de lucha capitalista, se logre justicia social y económica. No queda duda de que los cambios deben de poner en conflicto un modelo que no permite la equidad y que, de entrada, magnifica la desigualdad a niveles de clase social, sexo, raza o preferencias sexuales, puntos claves para conseguir una justicia social y económica real. La práctica del desarrollo sustentable, sin antes cambiar el modelo económico actual, es inviable y desde ahí se comienza a caer el discurso.

La izquierda partidista o que busca establecerse en el poder ha utilizado el discurso de la justicia económica y social hasta el cansancio. Poca o nula importancia le han dado a la justicia ambiental o al cuidado del los recursos naturales, trayendo consigo poca o nula justicia social (uno de los derechos humanos fundamentales es el derecho a un ambiente sano). Más allá de las políticas económicas, los gobiernos de izquierda tradicionalmente benefician a una burguesía nacional, y reprimen las garantías individuales de la mayor parte de la población.

La necesidad de buscar alternativas para buscar la justicia social y económica es algo que el movimiento antiautoritario tiene muy claro, pero aun nos queda mucho camino por recorrer en lo referente a la justicia ambiental, si es que ya lo comenzamos.

A pesar de las cumbres y del gran movimiento ambientalista que ha surgido en los últimos 20 años, de las propuestas y las luchas en los cambios de las políticas publicas, de las rebeliones de los movimientos indígenas desde la mitad del siglo pasado, de la critica al modelo civilizatorio por parte de los radicales primitivistas (Zerzan, Thaxton, etc), la justicia ambiental sigue siendo el invitado incómodo en los movimientos sociales ya que, para llegar a una verdadera justicia ambiental y acabar con los problemas ambientales que se han venido agravando en los últimos años (casi en conjunto con el fuerte resurgimiento de los movimiento ambientalista), se necesita cambiar y confrontar una idea de progreso y modernidad que no sólo ha afectado los modelos económicos capitalistas, sino las propuestas antiautoritarias se han visto afectadas por él. La modernidad se concibe como un fenómeno imparable y la afectación al medio ambiente inevitable. Se piensa que debemos mitigar, no de parar con las acciones o actitudes, el deterioro ambiental que llevamos acabo en la vida diaria. La justicia ambiental, no sólo para los gobernantes sino para los movimientos sociales está en segundo plano y los ambientalistas somos vistos, incluso por nuestros compañeros de lucha, como ingenuos pequeños burgueses que no se preocupan por lo importante, que es la justicia social, sin ver la estrecha relación que hay entre una y otra, pues una justicia social no tiene entrada en un mundo antropocentrista que no busca armonizar el desarrollo humano con el cuidado del planeta.

En la historia de las luchas sociales o de los movimientos sociales la problemática ambiental es relativamente joven y ha sido poco abanderada por los movimientos antiautoritarios. Pocas veces en sus demandas se ve un sentimiento real por los problemas del deterioro ambiental y los discursos dentro del movimientos son clichés reciclados en el mejor de los casos, de los grupos de la izquierda partidista, sin una real confrontación al problema y mucho menos una crítica profunda. Se sigue hablando de la problemática social y exigiendo una resolución a la problemática obrera o de carácter de mano de obra sin buscar en el fondo el problema que esto conlleva en el ambiente. Se sigue repitiendo el viejo discurso de los obreros de principios del siglo XX y nos olvidamos de que el panorama ha cambiado considerablemente. La lucha ya no puede ser por mejoras económicas o igualdades sociales, para lograr esto la crítica civilizatoria y la forma en que tratamos el planeta deben estar presentes en la lucha más allá del discurso retórico (tan enraizado en la izquierda tradicional y en el capitalismo que los movimientos antiautoritarios se han tragado el anzuelo).

Buscar la justicia ambiental en estos tiempos no sólo debería ser prioritario sino parte fundamental de la agenda en la lucha por un cambio, no únicamente en el sistema actual de gobierno, sino en la crítica a la sociedad y al modelo civilizatorio que va más allá del sistema neoliberal o de los gobernantes de la izquierda tradicional.

En la primera cumbre nacional de liderazgo nacional ambiental de la gente de color llevada a cabo en 1991 (al cumplir diez años de la tragedia de Bhopal) se sentaron las bases de lo que actualmente se conoce como Justicia Ambiental mediante los siguientes principios: deber haber un respeto por el medio ambiente protegiéndolo de las actividades humanas. Se considera un ataque directo al ser humano y a la tierra en general, las prácticas neoliberales que apoyan el crecimiento económico basado en la explotación social y ambiental. La humanidad somos responsables individualmente de nuestra conducta como consumidores. En otras palabras, de una u otra forma hace un análisis pequeño pero crítico al modelo civilizatorio que hemos desarrollado desde hace milenios, recalcando directamente el papel destructor que tienen los gobiernos, las corporaciones multinacionales, las ocupaciones militares, la represión, la explotación de la tierra, pueblos, culturas y formas de vida. La propuesta para mantener la destrucción bajo control es la información educación y la resistencia.

Con esta definición ¿cómo entendemos desde el movimiento anarquista o antiautoritario la justicia ambiental? ¿O más aun el desarrollo sustentable? Me parece que como antiautoritarios debemos de hacernos una crítica a la poca o nula resistencia que de pronto ponemos al deterioro ambiental, en muchas ocasiones se habla de asuntos sin importancia o de pequeños burgueses y creemos que lo inmediato es lo importante. Bien, la justicia ambiental está ligada principalmente a un desarrollo equitativo no sólo entre sociedades, sino entre humanos y su relación con los recursos naturales. Desde una perspectiva capitalista o de izquierda tradicional, el desarrollo sustentable es una utopía más, un paliativo para la enfermedad, la búsqueda de este desarrollo se tiene que dar en un movimiento alternativo, donde converjan realidades y soluciones equitativas, algunas comunidades indígenas, la ideología primitivista, el eco anarquismo, la ecología social, proponen ciertas formas de equilibrar la lucha contra el imperialismo desde una perspectiva más ambiental, donde las tres justicias sean una sola. Como anarquistas nos falta abrir más la lucha, entender que la problemática ambiental es importante, que el movimiento ambientalista está en un franco colapso y que los francotiradores (llámense Earth Liberation Front, Earth First!, Green Anarchy, etc.) no pueden con todo el trabajo. Las estrategias deben de ser más abiertas que la acción directa o el eco sabotaje e involucrar en nuestra lucha diaria la justicia ambiental.

Julio 2006

Quince años de luchas y represión, de neoliberalismo y organización

En los últimos 15 años, el panorama de México ha venido sufriendo una transformación a partir de la ejecución descarada de las políticas neoliberales y del nuevo orden económico por un lado, el del poder, y de la más fuerte y organizada resistencia por el otro, por el de la izquierda de todos los colores.

El año 1994 marca el inicio de estas transformaciones. La aparición del Ejército Zapatista de Liberación Nacional (EZLN), el asesinato de Luis Donaldo Colosio (candidato a la Presidencia de la República en las elecciones de ese mismo año por el Partido Revolucionario Institucional), fueron la punta de lanza para el choque entre un gobierno en agonía y una nueva forma de organización protagonizada por el EZLN.

A pesar de que la mesa estaba puesta para un cambio social y que la propuesta zapatista había llegado desde Chiapas a Tijuana, el partido de Estado (PRI) volvió a ganar las elecciones y continuó en el poder seis años más, seis años en los que el mundo comenzó una revuelta global contra las políticas económicas y sus principales ejes de acción como la OMC, el Banco Mundial y el Fondo Interamericano. Las protestas se hicieron cada vez más numerosas y México no fue la excepción. Liderados de cierta manera por el sentimiento zapatista que hablaba de la autorganización y de "un mundo donde quepan muchos mundos" y de la autorganización, los brotes de insurrección empezaron a surgir en toda la República.

Para el año dos mil, con nuevas elecciones para la Presidencia de la República, los brotes de insurrección aún no terminaban de germinar. De cierta forma, la represión y la guerra de bajo impacto a los movimientos sociales había logrado mantener estos brotes quietos. La gente estaba harta del Partido de Estado que llevaba más de setenta años en el poder, las políticas económicas que golpeaban a los más pobres, la represión constante y el juego mediático del Partido Acción Nacional (PAN), lograron cambiar al Partido en el Gobierno Federal y así apoyar de manera más cínica y abierta los proyectos Neoliberales, muchos de los cuales tenían décadas en los escritorios de las secretarías federales. El Plan Puebla Panamá (PPP), la Escalera Náutica y la privatización de los recursos energéticos comenzaron a escucharse y al mismo tiempo se formaba una barrera por parte de la sociedad civil contra estos proyectos.

A pesar de la intención del Gobierno Federal de promover y dar carta abierta a los mega proyectos de expansión y colonización Neoliberal, la resistencia de civil los ha ido parando poco a poco. El primero se dio en el 2001 cuando la comunidad de San Salvador Atenco, machete en mano, paró la construcción de un aeropuerto -que formaba parte del PPP y con el cuál daban inicio al mega proyecto- en su comunidad, la cual iba ser expropiada y comprada a un precio ridículo. Aquí la población se organizó y, mediante acciones civiles de acción directa pacífica, lograron mantener sus tierras y abrir el camino a la resistencia civil formándose una organización social llamada el Frente Campesino en Defensa de la Tierra, conocidos mediáticamente como "Los macheteros de Atenco".

Aunque con menos resistencia civil y una mediana negativa el proyecto de Escalera Náutica en el Mar de Cortés, se mantuvo de cierta forma a niveles de bajo impacto y con muchas condicionantes para su construcción, el cual aun no ha podido llevarse a cabo y las organizaciones del Golfo buscan estrategias y formas de mitigar el impacto.

los actores de este Gobierno "del cambio", como insistieron en llamarse ellos mismos, alentaron los brotes que se habían mantenido latentes en una organización más clandestina, acarreando como resultado en los últimos años de su mandato represión, violencia, muerte y asesinatos. Los más reconocidos a nivel mundial son la represión el 28 de mayo del 2003 en la ciudad de Guadalajara en la reunión de la OPC, la violencia y el

desalojo del Consejo General de Huelga (CGH) en la
Universidad Nacional Autónoma de México (UNAM) del 2001
al 2002 y la violencia en San Salvador Atenco en el 2006, donde
las acusaciones y denuncias, documentan desde la muerte de un
menor hasta múltiples violaciones a mujeres, pasando por la
violencia física, la tortura y la encarcelación.

Mientras que el Gobierno Federal trataba de mantener una buena
opinión de ellos con la sociedad civil (lo cual era difícil dados
los resultados), porque la temporada de elecciones comenzaba;
en lo más profundo de la selva lacandona, después de probar que
su proyecto de gobierno (las juntas de buen gobierno y los
caracoles) funcionaban, el EZLN tomaba algunas decisiones que
a la par llevarían a escribir una parte de la historia de la revuelta
en México.

 Después de reunirse con Organizaciones Sociales en la selva y
de consensuar cuál era el papel de la izquierda de abajo, se tomó
la decisión de hacer otra campaña, una campaña que no tenía
nada que ver con las elecciones cuyo propósito y fin era unificar
la izquierda que no pretende el poder, sino la construcción de
otra realidad donde todos tengan voz y voto, de forma horizontal
e incluyente, desde abajo y a la izquierda, como dice la propia
campaña, donde todos se organizan y todos participan.
El EZLN comienza a liderar este movimiento, pero la campaña
mediática de las elecciones comienza a la par y, a diferencia de
otras campañas y adaptándose a las necesidades de los tiempos
modernos, estas campañas de spots televisivos donde los
candidatos de la "izquierda" y de la derecha, más que
propuestas, se dedican al desprestigio y la guerra sucia. En
medio de estas campañas donde ni la izquierda de Estado, ni la
derecha protofascista, abogaban por el criterio y la inteligencia
de la sociedad civil, y en un ataque directo del Gobierno Federal
y el Partido Acción Nacional al candidato de la izquierda, surge
desde la sociedad civil un movimiento de apoyo sin precedentes
en la historia moderna de la política Mexicana.

Después de las elecciones y con un triunfo muy cuestionado por parte de la derecha -PAN-, las movilizaciones contra el fraude y la petición del voto por voto no se hacen esperar; pero, más allá de quién ganó o perdió las elecciones, lo histórico aquí es el despertar hacia la participación por parte de una gran parte de la sociedad civil, que hartos de la poca o nula participación en el avance del país, comienzan a formar un frente contra el fraude electoral y a protestar por el presidente que la derecha quiere imponer, lo cuestionable del movimiento es la manipulación que ha sufrido por parte de la izquierda de estado, la cual se ha aprovechado, para de una forma u otra usar esta gran movilización a su favor.

Dentro de este panorama La Otra Campaña y de una forma horizontal, se está formando una nueva manera de hacer política. La lucha ya no es por el poder, sino por la justicia y el bienestar, algo que ningún partido político o gobiernos nos pueden ofrecer. La organización desde abajo, la militancia insurrecta y la lucha diaria contra el poder y los gobernantes es algo latente; es algo que se está creando y que será difícil detener. Desde abajo y a la izquierda, sin protagonismos, sin líderes autoritarios, mano a mano, estamos creando nuevas formas de organizarnos, de luchar y de construir un mundo donde quepan muchos mundos.

Mayo del 2006

*El Plan Puebla Panamá (PPP) paso a llevarme Iniciativa Merida y en la actualidad ha mutado al Acuerdo de Asociación Transpacífico (TPP por sus siglas en ingles)

Escalas náuticas singlar: un mega proyecto poniendo en jaque una región

Una vez mas y en forma definitiva Fonatur presenta su Manifestación de Impacto Ambiental (MIA) en su modalidad regional, para la realización del proyecto Escalas Náuticas Singlar en el golfo de California. Esta MIA no solo esta incompleta, sino esta mal redactada, con informes falsos y un pobre conocimiento de la zona en donde se piensa construir. Es importante empezar a difundir información real de este proyecto no solo en la comunidad afectada sino a la sociedad en general y organizar un plan de resistencia ante este proyecto.

Escalas Náuticas Singlar

Este proyecto nace en la administración federal de la década de los 70´s, pero no fue sino hasta la administración actual cuando el proyecto sé hacho andar, ya con presupuesto del gobierno federal. Ante la oposición de distintas ONGs tanto nacionales como internacionales, el proyecto ha ido cambiando, hasta esta ultima presentación, en la cual el proyecto a cambiando para presentarse como un proyecto de carácter de desarrollo sustentable para la región, esto de sustentable solo esta en papel pues una lectura cualquiera de la MIA presentada, deja claramente la posibilidad de la construcción afín al proyecto, campos de Golf, grandes hoteles y mas construcciones que no tienen nada que ver con el desarrollo sustentable. Fonatur a presentado su ultima MIA a Semarnat la cual tiene que dar una respuesta ya sea afirmativa o negativa, las intenciones de Fonatur son que la respuesta sea afirmativa, pero con las condicionantes que sugieran las ONGs a Semarnat, lo cual seria un gran error, pues la MIA presentada debe de ser rechazada, sencillamente por las omisiones al reglamento de ecología que tiene y por no haber hecho una consulta en las comunidades participantes, siendo una vez mas un proyecto aprobado y realizado desde arriba, sin tomar en cuanto a los afectados.

......Lo que se dice
Tanto Fonatur como el gobierno federal, presentan las escalas náuticas como la salvación para una zona, tan olvidada por parte de las autoridades que no tiene un plan real de reforzamiento con bases en las necesidades de cada comunidad a nivel local y regional, pues los 5 estados participantes, viven de cierta manera de los recursos del golfo de California y cualquier proyecto sin su consulta los afecta de manera adversa. Se esta tratando de vender la idea de que el turismo es la llave que pondrá a trabajar el golfo de California, pues al existir acuerdos con importantes corporaciones económicas, el proyecto es una garantía de buen funcionamiento, logrando así el desarrollo turístico mas importante de México.

...Lo que se oculta
El gobierno de Fox ha venido autorizando proyectos, con una clara visión de favorecer a las corporaciones, a hecho una campaña de ofrecer y vender los recursos naturales, así como la diversidad biológica y cultural. El proyecto Escalera Náutica, forma parte de un proyecto con miras de comercializar el país para el disfrute y la explotación de las grandes corporaciones y los poderosos, en los cuales están el corredor comercial que viene desde Canadá y atraviesa todo el país con una clara intención de beneficiar la entrada y salida de mercancía y seguir así con la explotación de recursos tanto naturales y humanos de los tres países pertenecientes al TLC. Al Plan Puebla Panamá con el cual se piensa construir un corredor turístico que atraviese el sur de México, desde el estado de Puebla hasta el país de Panamá, un proyecto que esta teniendo una feroz resistencia por el peligro que supone a la diversidad biológica y cultural que se

vera afectada y finalmente la Escalera Náutica. Siguiendo de esta manera con los planes económicos de globalización que solo beneficia a unos cuantos, dejando a su paso marginación y pobreza.

Resistencia y Manejo de información

Desde el principio del proyecto el manejo de la información a sido muy oscuro y difuso, existen muchos documentos, tanto oficiales como redactados por ONGs que se contradicen mucho, esto a traído como resultado una pobre resistencia al proyecto y una ignorancia que en ocasiones es total por parte de las comunidades afectadas. La falta de respuesta por las autoridades a las demandas realizadas, un ordenamiento ecológico del golfo y un trabajo de campo también han traído también el desgano y la apatía para el desarrollo de alternativas ecológicas y sustentables para las comunidades que siguen buscando ayuda para salir de la situación en la que la región se encuentra en este momento.

La autogestión y la cooperación comunitaria son las bases de resistencia a seguir, la confrontación directa es solo como la ultima opción de acción directa y nunca con fines de protagonismo e intereses personales, por eso invitamos a toda la comunidad interesada en trabajar por mantener nuestras zonas libres de influencias neoliberales y la biodiversidad y multiculturalismo conviviendo como hasta hoy, que se unan a esta lucha, pues la lucha por la tierra es la lucha por la vida.

Noviembre 2006

De Medios Libres y Corporativos

Desde principios de la década pasada los medios de comunicación, empezaron a cobrar una fuerza nunca antes vista en los movimientos radicales de izquierda, con la globalización y los enfrentamientos en las calles, mucha gente se dio cuenta de algo que tal vez ignoraban, el mundo no es tan hermoso y que hay gente preocupada por hacerse oír de cualquier manera y por cualquier medio. El levantamiento zapatista y las revueltas en Seattle y Praga, fueron la punta de lanza en un nuevo modo de protesta, la lucha particular o nacional se volvió internacional y sin un lineamiento político definido, las campañas contra la globalización económica conjugan diferentes ideologías y diferentes puntos de vista, compartiendo un mismo ideal: la lucha por un cambio; esto fue muy importante para un movimiento que empezaba a estancarse y necesitaba aire fresco, este movimiento mal llamado antiglobalización se lo dio y los medios de comunicación fueron su carta fuerte para hacerse notar.

Esta utilización de los medios de comunicación que a estado presente en las revueltas altermundistas desde su nacimiento, no ha sido para bien, estos medios han utilizado sus influencias para mostrar lo "negativo" de las revueltas, la violencia y los destrozos que se comenten en estos actos, así que en los últimos años el tema de la violencia contra establecimientos a entrado en debate no solo para la autoridad y los gobiernos que cada vez incrementan mas las medidas de seguridad en sus reuniones internacionales, al igual aumenta la violencia por parte de las mismas contra los manifestantes, esto lo vemos todas las noches en los noticieros y lo leemos por la mañana en los periódicos, la gente se forma un juicio sobre esto y cada vez es mas negativo, somos un grupo violento que lo único que busca es violencia, se nos ataca y la sociedad civil pierde su capacidad de credibilidad en nuestra lucha, los medios solo muestran imágenes, nunca muestran mas allá de lo que sucede en una manifestación y por lo mismo nunca se refleja una postura o un conocimiento de las causas de tales destrozos, logrando de esta manera una desinformación de lo que en realidad está pasando. Para la sociedad civil, los *"globalifobicos"*, solo son una minoría violenta sin futuro y sin beneficio, somos una moda que terminara pronto y lamentablemente en algunos casos tienen razón.

John Zerzan en una entrevista sobre los destrozos en Seattle y otros lugares dijo *"Eso sólo es una parte de lo que los medios explican. y es inevitable: la violencia contra la propiedad privada -jamás contra las personas- es necesaria en alguna ocasión"* y es verdad la organización de los grupos altermundistas va mucho mas allá de una manifestación y lo que vienen con ellas o por lo menos así debería de ser, las actividades alternativas para una vida mejor pocas veces las vemos o nunca y esto trae consigo un punto a favor de lo que muestran los medios de comunicación, no se puede hablar de una lucha organizada contra la globalización cuando la organización a nivel local no existe, debemos ofrecer alternativas a la par de la autodefensa.

Zerzan también dijo algo bien importante en esta entrevista al cuestionarlo por las razones de la violencia contra establecimientos y su pobre resultado a fin de cuentas Zerzan dijo: *"Pero ya les hemos demostrado a ellos y al mundo que estamos muy enfadados, que no vamos a tolerar que sigan destruyendo nuestro planeta y degradando nuestras vidas"*, es cierto, al principio de la lucha fue una manera de mostrar nuestro enfado y nuestra resistencia, creo que debemos pasar a el siguiente nivel, si ya mostramos nuestro enfado ahora mostrémosle nuestras alternativas, nuestros deseos de vivir en un mundo mejor que este. Zerzan también respondió a las alternativas que ofrecíamos con lo siguiente: *"Hemos creado alternativas, cada uno en nuestras ciudades de forma cotidiana para mejorar nuestra alimentación, nuestra vivienda, nuestra convivencia, nuestras relaciones... "*, es muy importante esta respuesta por que a fin de cuentas de esto se trata nuestra lucha: lograr una mejor calidad de vida y solo se puede conseguir con organización y rompiendo con los viejos esquemas de lucha, preparándonos para ofrecer algo mejor, algo que nos sirva por igual sin esclavizarnos a nada.

Cuando Zerzan hablo para este medio de comunicación, que pertenecía a los Mass Media de los poderosos, planteo nuestra lucha de una forma clara y concisa, desgraciadamente, los medios de comunicación no solo han corrompido al ciudadano común que utiliza estos medios como su única fuente de información, sino también a alguna gente perteneciente o con ambivalencia a los movimientos radicales de izquierda, dando con esto un protagonismo a sus actos violentos y sin dirección, pues el salir a romper cristales a las grandes corporaciones es inútil sin la preparación adecuada, debemos contrarrestar la desinformación de los Mass Media con contra-información, llevar nuestra organización y nuestros métodos de trabajo a toda la gente en general, pues lamentablemente hemos caído en un bache donde nuestras metas y propósitos solo nos pertenecen a nosotros y las alternativas no las escucha nadie mas, debemos combatir a los medios de comunicación con sus propios métodos.

Hoy en México y desde hace mas o menos un año se viven dos procesos paralelos, uno es el proceso electoral, que después de una guerra mediática donde el discurso protofacista y la propuesta populista fueron las dos propuestas que mediatizaron a la población y les hicieron formar parte de un guerra sucia donde lo que menos importo fue la propuesta de los candidatos y que termino con una elección impugnada llena de irregularidades y con la posibilidad de un fraude, el cual ha pasado a segundo termino ya que la guerra sucia continua y los medios siguen jugando su papel, dando la victoria al candidato de la derecha y atacando al candidato de la izquierda, dos posturas definidas también por los medios y que poco o nada se diferencian una de la otra. La democracia ha sido ensuciada por los medios y ahora se intenta que esta sea pura y limpia y cualquier intento de cuestionar a las instituciones democráticas es ser traidor a la misma. El otro proceso ha sido liderado de cierta manera por el EZLN y su vocero "mas popular" el Subcomandante Marcos que sabiendo muy bien jugar su papel ante los medios cambia su nombre a Delegado Zero y sale a recorrer la república en un afán mas de protagonismo que de real interés en la problemática social, tan compleja y diversa que existe en México. A esta los medios de comunicación del Estado han dado poca o nula importancia y solo dos detalles, como posibles lacayos del capitalismo y como incitadores a la violencia en Atenco, intentando con esto una vez mas esconder quienes son los verdaderos culpables de la violencia y buscan chivos expiatorios.

Sin embargo los medios independientes se han encargado de difundir la otra campaña, una campaña que ha que mas que conjugar a la organización social ha evidenciado la problemática y las diferencias irreconciliables entre los mismos Estados, la falta de organización y el protagonismo han sido la constante de esta otra campaña. En esta los medios han sido una gran torre de babel que solo muestran lo obvio, la falta de conciliación que es la que mantiene un movimiento dividido, que no permite ir mas allá de las manifestaciones y la violencia anticumbres.

La importancia de los medios sean independientes o no en los últimos años han sido vitales para desacreditar o acreditar a los movimientos sociales, si esto va de la mano con la lucha diaria y la defensa de los derechos civiles, la construcción desde abajo, la organización comunal, barrial, municipal deben de ir en conjunto con la autodefensa, la creencia de medios imparciales, honestos y al servicio de la verdad son tan absurdos como la esperanza de construir medios independientes sin involucrar a los interesados en la lucha, los medios independientes deben de ser construidos por las mismas personas que trabajan que buscan el cambio, la frase de "be the media" (se los medios), empieza a convertirse una necesidad mas allá del protagonismo y de la construcción de una realidad alternativa, es la propuesta de lucha mas importante en la divulgación y la creación de redes entre los constructores de un mundo posible donde quepan muchos mundos.

Febrero 2007

Diez años sin Judi

Este año se cumplen diez años de la muerte de Judi Bari. Murió en su cabaña en el condado de Mendocino, California, rodeada de su familia, amigos y de las secoyas por las que tanto luchó para mantener en estado salvaje. Este año se cumplen diez de no tener cerca de nosotros a una activista que entendía que no existe una lucha social o una lucha ambiental, que somos parte de un todo y que la protección del bien común no es sólo para continuar con las comodidades que la propiedad privada nos ofrecen, sino que va mas allá: es la protección de nosotros como especie y como ente social. Son diez años sin Judi Bari, diez años de lucha y compromiso en memoria y en sintonía.

¿Quién es Judi Bari?

Esta pregunta tiene muchas respuestas. Podríamos comenzar por decir que Judi Bari era una activista ambiental que comulgaba con la filosofía *Earth First!* Y que buscaba proteger su eco región: un vasto bosque de secoyas que el gobierno estadounidense pensaba vender a algunas corporaciones para destruirlo. También era una activista social y una escritora que, desde la pluma y el papel, intentaba conjugar la lucha social y la lucha ambiental como un todo, como dos complementos necesarios el uno del otro. Era madre de dos hijos a los cuales intentó criar de acuerdo con sus creencias y hábitos. Era carpintera, música, mujer, wicca. Tenía un compromiso que podía llevarla a confrontar hasta a sus amigos cuando la duda llegaba. Era un ser humano pensante y activo. Judi Bari era (es) algo más que palabras. Era y es una inspiración para una gran mayoría de activistas alrededor del mundo.

Existen muchas anécdotas y artículos que pueden mostrar que Judi Bari era una defensora de los derechos humanos. Alguna vez escribió en defensa de los trabajadores de los aserradores comparando el trato que recibían con la forma que exprimían y mataban a los bosques. Judi se reunían con los trabajadores y los asesoraba, los aconsejaba y les hacía ver que las condiciones de trabajo eran inhumanas, con el objetivo, no sólo de proteger a los bosques, sino de ayudar a los trabajadores a exigir mejoras laborales.

Bari también participó en el debate interno del movimiento *Earth First!* Fue más allá de la protección del medio ambiente e incluyó las luchas sociales al entender que quienes destruyen el medio ambiente son los mismos que explotan y asesinan a los seres humanos. Esta forma de percibir las luchas la llevó a mantener discusiones con David Foreman, fundador del movimiento *Earth First!*, y a poner en tela de juicio la poca participación que en ese entonces tenía el movimiento en las causas justas y contra las corporaciones. Sin Judi Bari el movimiento *Earth First!* y/o el ecologismo radical no habrían logrado salir del bache conservacionista en que estaban para convertirse en un movimiento amplio y diverso.

El verano de las secoyas...el verano del activismo radical

En los primeros meses de la década de los 90s, Judi Bari en compañía de activistas del movimiento *Earth First!* irrumpieron en una reunión del gobierno de California y algunas corporaciones que pensaban comprar los bosques de secoya del norte del estado. Además 50 activistas se encadenaron a los camiones madereros que transportaban los troncos de secoyas taladas, logrando que los medios de comunicación voltearan a cubrir la noticia y le dieran cobertura a nivel nacional. Aunado a esto Judi Bari comenzó a formar alianzas con los trabajadores de las compañías taladoras y con algunos independientes. A pesar de las amenazas de muerte recibidas por las corporaciones, del poco o nulo apoyo en materia de seguridad recibida por el gobierno del estado de California, Bari propuso el verano de las secoyas cuyo objetivo era una movilización basada en el verano de la libertad de la década de los sesenta. La propuesta hecha por ella en un mitin en la Universidad de Sacramento logró que ese verano se unieran a la lucha y las actividades más de 3000 voluntarios de todo el país. Era el inicio de una serie de protestas de verano por todo el país entre las cuales, la de 1996, fue la más importante ya que reunió a más de 10,000 activistas voluntarios en el Condado de Humboldt, con confrontaciones diarias contra el gobierno y las corporaciones.

El verano de las secoyas encabezado por Judi Bari sería el parte aguas del movimiento ecologista radical, donde la defensa de las eco regiones se volvió prioritaria, sin dejar de lado las alianzas con los trabajadores y las comunidades afectadas.

El eco terrorismo, COINTELPRO y el FBI

En mayo del 90, durante una gira en la que promovían el verano de las secoyas, estalló una bomba en el automóvil de Bari y Darryl Cherney. Ése bombazo la dejó incapacitada de por vida. Pero la situación no terminaba ahí. Para el FBI solo existían dos sospechosos de los bombazos: los mismos que habían resultado heridos, Bari y Cherney. Según las autoridades, ellos habían sido los causantes del incidente y no se tenían o se tuvieron nunca otros sospechosos. El FBI se dio a la tarea de revisar la casa de Judi en dos ocasiones mientras ella se encontraba en el hospital y soltaron a los medios muchas declaraciones sobre la culpabilidad de Cherney y Bari, pero nunca presentaron evidencia alguna. Judi demandó al FBI y a la policía de Okland (lugar donde ocurrió el bombazo), además de continuar su defensa en su columna del "New York Times" donde no sólo denunció al FBI, sino que publicó información que afirmaba la existencia en activo del COINTELPRO. Bari escribió lo siguiente:

"Esta clase de sabotaje político nos recuerda las actividades del FBI en el programa 'COINTELPRO' de los años 60.
Oficialmente, suspendieron ese programa de operaciones clandestinas en 1971, cuando los medios revelaron que el FBI había trastornado a propósito movimientos legítimos de cambio social.

"Varias investigaciones congresionales probaron que el FBI llevó a cabo una guerra clandestina de 10 años contra el Dr. Martín Luther King, y varios documentos entablados en los tribunales demostraron que sus agentes actuaron de una manera indebida en el asesinato de miembros del Partido Pantera Negra y del Movimiento Indígena Americano. El agente del FBI a cargo de la investigación de mi caso se llama Richard W. Held; era agente de COINTELPRO. Y si bien COINTELPRO fue suspendido oficialmente, un ex agente, Wesley Swearingen, ha dicho que sus actividades continuaron".

A pesar de los intentos del gobierno federal y del gobierno de California por probar que tanto Judi Bari como el movimiento *Earth First!* eran terroristas, los abogados mostraron evidencia de cómo el FBI estaba manejando las evidencias a su favor, logrando documentar vínculos entre el FBI y la policía de Okland como los siguientes:

- Agentes del FBI llegaron al lugar de los hechos minutos después del dinamitazo.
- De 12 a 15 agentes del Escuadrón Antiterrorista del FBI llegaron en un dos por tres.
- El FBI le informó a la policía de Oakland que Judi y Darryl eran "la clase de personas que transportan bombas".
- Diez minutos después de llegar, un agente del FBI escribió en su diario que Darryl y Judi "tienen vínculos con un caso federal de Arizona de destrucción de líneas de alta tensión de una central eléctrica nuclear".
- Los investigadores del FBI pasaron por alto el hecho de que la bomba estalló debajo del asiento de Judi, y dijeron que estaba en el asiento de atrás.
- La noche del dinamitazo, el FBI le informó a la policía de Oakland que un informante de *Earth First!* le había dicho que Judi y Darryl iban a Santa Cruz para "alguna

'acción'". De hecho, los dos eran músicos e iban a Santa Cruz para tocar en un concierto.

Aquí los medios hicieron el papel que les correspondía y por semanas se dedicaron a desprestigiar tanto a Bari como al movimiento *Earth First!* con comunicados falsos y declaraciones compradas; aun así, las evidencias y el trabajo de las más de 50 organizaciones lograron que, en 1999 Judi Bari y Cherney ganaran la demanda. Desafortunadamente Bari no logró vivir para ver esta victoria. Dos años antes el cáncer se la llevó.

Hasta su último momento, Judi Bari fue una rebelde desafiante, una combatiente que luchó sin vacilación y con mucho amor por el pueblo contra el saqueo corporativo del planeta. A diez años de su muerte, la echamos de menos.

Marzo del 2007

*Han pasado seis años mas de la muerte de Bari y aun se resiente su ausencia.

La educación ambiental y la participación ciudadana como herramientas de acción comunitaria para un cambio local y global

Resumen:
Durante las últimas décadas, la participación ciudadana ha pasado del discurso neoliberal y el absurdo de la política gubernamental a una acción real y de resistencia comunitaria. Ya no sólo se queda en las iniciativas de legitimación de los gobiernos, sino que las acciones de la comunidad pasan, en algunos casos, a lograr cambios en las políticas públicas de la región.

Las alternativas que se han ido creando por las comunidades que no encontraron en la política neoliberal una opción real de cambio y de mejoramiento de la situación económica, social y ambiental son cada vez más palpables; de la misma manera que la lucha global contra esa homogeneización económica y cultural, síntoma del neoliberalismo global, ha permitido que estas acciones de lucha comunitaria se dispersen y se unan entre sí formando de esta forma redes de apoyo y solidaridad que permiten, no sólo compartir las experiencias, sino aprender y caminar juntos en los cambios necesarios para lograr un desarrollo equitativo y justo.

La construcción de este nuevo mundo o de esta nueva realidad, donde la justicia ambiental, social y económica existan, es una construcción que viene de abajo hacia arriba, que parte de lo local para así llegar a lo global, cuyo principal origen y motor son los cambios en las gestiones y reglamentaciones municipales.

La falta de sustentabilidad social y ambiental del sistema neoliberal van ligados a una desinformación tal que, a veces, nos hace imposible actuar de una forma adecuada; es por eso que necesitamos de información oportuna y basada en la mejor ciencia para alcanzar la sustentabilidad que necesitamos con el fin de crear una realidad justa para todos.

La educación, información y capacitación se han convertido en partes vitales de esta lucha contra el sistema neoliberal. Cada una de estas herramientas hace posible, desde distintas perspectivas, el empoderamiento de una comunidad que sea capaz de cuidar, valorar y decidir sobre la calidad de su medio ambiente; es decir, el adecuado manejo de la información hace posible que las comunidades dejen un sistema en donde el gobierno paternalista afecta el entorno ambiental, mediante decisiones tomadas con base en parámetros políticos y económicos, desde un escritorio a miles de kilómetros de los lugares afectados y les da la posibilidad de actuar directa y responsablemente a quienes van a sufrir las consecuencias. La educación, la información y la capacitación devuelven el control a la gente que vive en esos lugares.

Monitoreo ambiental y acción comunitaria:

Cuando se habla de educación ambiental, muchas veces se piensa en educación formal, con un "público" definido; es decir, estrategias didácticas diseñadas para jóvenes con el objetivo único de concientizar. Esta idea de educación ambiental ha sido reformada por el sistema neoliberal como parte de la "socialización" de su compromiso con la sociedad y de su definición de sustentabilidad; sin embargo, sólo es un espejismo basado en una educación lineal y homogénea (igual para la ciudad que para lo rural) sin involucrarse y sin detenerse a analizar los problemas que causan el deterioro ambiental. No proponen cambios en las políticas municipales que ayuden a mejorar la calidad ambiental y la calidad de vida de la comunidad.

El proyecto de monitoreo ambiental para la participación comunitaria en el que trabajamos desde La Red Fronteriza de Salud y Ambiente A.C. es una propuesta de educación e información para la acción comunitaria. Partiendo de las diferencias en las problemáticas en las ciudades y las comunidades rurales, de que la educación debe ser transversal, interdisciplinaria, multisectorial y accesible a todas las edades, hemos involucrado a toda la comunidad en las acciones de monitoreo y de búsqueda de soluciones.

Este proyecto tiene como base los siguientes objetivos:

- Definir las problemáticas ambientales del municipio (quién las causa y por qué las causa)
- Buscar soluciones a estas problemáticas (corto, mediano, largo plazo)
- Incidir en las políticas públicas municipales (cambios en las leyes municipales)
- Incidir en los patrones de consumo y de producción de la comunidad

Para esto hemos venido trabajando con los municipios (la comunidad), los ayuntamientos, la gente del pueblo, informando y actuando sobre problemáticas ambientales, enfatizando el problema del agua, realizando monitoreos de la calidad del agua del río (el trabajo se llevo a cabo en la cuenca alta del Río Sonora, con siete municipios de la misma), el cual es realizado por los estudiantes de las escuelas secundarias y luego llevado a las acciones comunitarias donde se involucra todo el pueblo.

Estas acciones hasta el día de hoy se han visto reflejadas en cambios en la legislación municipal, cambio a nivel personal y de comunidad en las prácticas de consumo y en la formación de una comunidad más comprometida en el cuidado de su entorno, no sólo ambiental sino social y económico.

Conclusiones

La falta de oportunidades, han servido para que la sociedad comience a buscar nuevas alternativas, cuando Margaret Thatcher dijo ""No hay alternativa" ("TINA", por "There Is No Alternative"), tenia razón, por que el neoliberalismo a permitido que se vayan creando muchas alternativas. Dentro de la lucha altermundista hemos ido creando nuevas formas de acción, de

convivencia, de lucha y resistencia al modelo económico.
Tenemos no solo la razón y la verdad, sino que esta basada en información, educación, no es una resistencia pasiva, es pacifica y de construcción diaria.

Julio 2007

* Ponencia presentada en el foro del Global Justice Center

Hacia donde vamos...Reflexiones sobre el calentamiento global

Es un hecho incuestionable que el cambio climático es real, solo basta dar un vistazo a los cambios en las corrientes del Golfo de California, las sequías e inundaciones que azotan muchos lugares de la tierra y el aumento en la cantidad e intensidad de los huracanes, para comprender que algo extraño esta pasando con el clima. Estos cambios a pesar de tener un fuerte impacto a nivel interespecial, deben ser preocupación de nosotros -los seres humanos- el problema del cambio climático nos afecta mucho mas profundo en términos sociales y geográficos, intentare explicarme un poco mejor. De nada sirve continuar con el alarmismo -aunque puede seguir siendo útil en ciertos casos- al mas puro estilo Al Gore y sus conferencistas, lanzar cifras y mostrar imágenes de lo que esta pasando por culpa del antropocentrismo en el que nos encontramos como especie.

Desde el Panel Intergubernamental de Cambio climático de la ONU hasta distintos centros de investigación, basados en la mejor ciencia, nos arrojan cifras de lo que se prevé pasara en un futuro muy próximo, tenemos la información y sabemos las causas que provocan estos cambios en el clima. Mencionare un par de las que a mi me parecen las mas significativas. El Panel Intergubernamental para el Cambio climático de las Naciones Unidas, en una investigación del año pasado, dice que las actividades agropecuarias a nivel global son responsables de más del 17 por ciento de los gases de invernaderos arrojados a la atmósfera anualmente. Esta investigación, es un estimado del total de gases de la industria desde la crianza hasta la producción de carne y su consumo. No se necesita ser un sabio para ver las posibles alternativas, aun así el PICC, da un estimado de que, con una reducción por persona del 5 por ciento de su consumo anual de carne, los gases producidos por la ganadería bajarían entre un 9 y un 6 por ciento. En segundo lugar esta la cantidad de basura que producen las ciudades, esto también es un factor importante para aumentar las emisiones de gases de invernadero a la atmósfera y la mayoría de las alternativas que están en uso actualmente pasan por alta el problema del cambio climático (rellenos sanitarios e incineradores). Estudios recientes afirman que los procesos de producción de basura (es decir el consumismo) y las formas de tratarla, producen entre un 10 y un 15 por ciento de los gases responsables del calentamiento global. Poner en marcha programas municipales de Basura Cero, con todo el apoyo de los gobiernos federales, podría reducir en los primeros dos años de hasta un 2 por ciento la producción de emisiones contaminantes a nivel global. Estas son dos medidas que tienen tres protagonistas, por un lado la legislación que debe darle prioridad al cambio climático, como respuesta a los planes de desarrollo social (garantizar no solo un ambiente sano, sino la supervivencia de los habitantes de cada país habla de un buen desarrollo social a nivel mundial). Los productores en segundo termino que no solo por una obligación legal, sino por un verdadero compromiso con los consumidores, deben de cambiar sus practicas de producción y de empaque de sus productos y por ultimo nosotros, el "ciudadano común" que desde el reclamo y la protesta hasta un verdadero cambio de conducta que apoye a los gobiernos y las empresas que en realidad sean comprometidas con el medio ambiente. No basta con ofrecer limosnas a proyectos u ONGs encargadas de la protección ambiental, es necesario un cambio mucho mas profundo. ¿Difícil? Ya lo creo, pero no imposible. Tanto un cambio en la alimentación que promueve sobre manera a la industria cárnica, hasta programas que donde se han instalado ofrecen grandes resultados como lo es el programa de Basura Cero, darían resultarían en una desaceleración al clima dándonos mas tiempo para encontrar las alternativas viables y sustentables que frenen al mínimo el cambio climático.

El pasado diciembre el Naval Postgraduate School de Monterrey, California afirmaba que en los próximos seis años estaremos viviendo el deshielo de los dos polos, en pocas palabras lo que los científicos de uno de los centro de investigación mas importantes en lo que se refiere al estudio del clima querían decir es que, de continuar la tendencia actual, para el 2013, la geografía del planeta cambiara por completo. Imaginemos esto. La mayor cantidad de agua dulce del planeta se encuentra en forma de hielo en los polos, si estos científicos están en lo correcto es muy probable que en seis años, en el polo sur ya no existirá La Patagonia (o una parte de ella) el aumento de las costa en Brasil será de muchos kilómetros hacia adentro, gran parte de Alaska en el polo norte (y de las reservas petroleras Estadounidense) quedaran sepultadas bajo el agua, la península de Baja California es muy probable que desaparezca. ¿Me estoy poniendo muy alarmista? Los datos no son para menos. Pero seamos objetivos. La tendencia del cambio climático no es descendente, por lo contrario es ascendente y así es muy difícil conseguir una fecha probable del deshielo de los polos (es casi seguro que sean menos años de los pronosticados) No tenemos mucho por hacer sino dos cosas que en los últimos meses se han convertido en la obsesión de muchos científicos que ya esperan los problemas que el cambio climático arrojaran al planeta -especialmente los sociales, si es que podemos leer entre líneas lo que un cambio en la geografía del mundo significa para la economía de los países- se trata de adaptación y de control de daños. ¿Que demonios significa esto? Si aceptamos la realidad en la que vivimos en este momento, en la que el modelo económico solo repara en las ganancias y el consumismo, que no beneficia la búsqueda de alternativas reales a los problemas ambientales o sociales de los países. Un mundo que es controlado por las bolsas de valores y que los efectos de recesiones económicos de los países poderosos repercute a nivel global de manera alarmante, si aceptamos que esto no va cambiar, que el modelo económico actual no esta en crisis y que su extinción será en el momento que la crisis climática este en todo su esplendor, entonces si debemos de buscar alternativas de control de daños, las interrogantes a contestar aquí es que haremos con la migración de las comunidades mas afectadas por el clima. Tenemos que comenzar a prever que pasara y que tenemos que hacer con los problemas sociales durante la transición y la estabilización del cambio climático, como lograr que los países mantengan su autonomía una vez que los mapas geológicos comiencen a cambiar y sobretodo y aquí ya entramos en lo que es la adaptación, como lograremos que los sobrevivientes se adapten ambientalmente a las nuevas condiciones ambientales que el planeta nos ofrecerá, recordemos que como la administración Bush no se a cansado de decir para con esto hacer menos una realidad, los cambios climáticos son cíclicos y ocurren de tiempo en tiempo (geológicamente hablando), ya nos toco una pequeña glaciación proveniente de un cambio climático que redefinió el planeta tal como lo conocemos actualmente, permitiendo nuestra evolución y desarrollo como especie. Las adaptaciones requieren tiempo y en el proceso las poblaciones disminuyen, hasta ahora tenemos la tecnología necesaria para garantizarnos un mínimo de perdidas humanas, el planeta, tiene sus propios métodos de adaptación, aunque no se garantiza la permanencia de muchas especies en el intervalo de la adaptación.

Muchos científicos ya preparan modelos de lo que podemos llamar "el mundo después de mañana" para de manera teórica ir reconociendo hacia donde dirigir los nuevos avances tecnológicos y como manipular la adaptación natural de la humanidad, lamentablemente, el Huracán Katrina, el Tsumani en Malasia y demás desastres naturales, son prueba de que la adaptación esta vez no será de los mas aptos, sino de los mas adinerados, me suena un poco a "primitivismo tecnológico" donde el futuro de la humanidad esta relacionado con los cotos de poder. Creo en la importancia de comenzar a prevenir un control de daños, también reconozco que los modelos de adaptación son importantes para no llegar al problema en blanco y sin saber hacia donde movernos, tampoco quiero imaginarme un mundo apocalíptico inventando por algún maestro de la ciencia ficción, pero tampoco quiero negar los hechos, muchos menos ver una sola opción y que esa sea la de una colisión de frente pero con bolsas de aire, aun me gusta pensar en que podemos cambiar las cosas y que podemos lograr que el impacto sea el mínimo, alternativas existen mucho, solo basta observar las causas y las consecuencias para encontrar una alternativa en muchos niveles y que no solo involucren a los verdaderos causantes del problema (modelo económico, modelo civiliza torio, modelo social) sino a todos en general, desde nuestra responsabilidad y desde nuestras acciones. De no creer que aun estamos a tiempo, hace mucho que seria un simple observador.

Mayo 2008

Observando desde las ventanas abiertas esos otros mundos posibles

El nacimiento de la Cumbre de los Pueblos "Enlazando Alternativas" fue literalmente un nacimiento sangriento y violento y se remonta aquel fatídico mayo del 2004, cuando a la par de la Cumbre de Jefes de Estado de los Países de la Unión Europea, América Latina y el Caribe (ALCUE), activistas de los dos continentes se reunieron para discutir la agenda de todo aquello que los presidentes dejarían en el tintero. Así nace la Red Biregional Unión Europea-América Latina y se abre un nuevo proceso del Tribunal Permanente de los Pueblos, un proceso que ya no involucra a las dictaduras o a la violación de los derechos humanos por parte de los gobiernos represores, sino a las violaciones que comenten las Transnacionales Europeas en América Latina.

En mayo del 2004 en Guadalajara, Jalisco, con ramirez acuña (así sin mayúsculas) como gobernador del estado, el gobierno de Vicente Fox bautizo una de las ventanas que se abrían para que los movimientos sociales de estos dos continentes convergieran y tal como su nombre lo indica, enlazaran alternativas hacia esos otros mundos posibles de los que tanto se habla. Es fácil imaginar a ramirez acuña sentado en algún restaurante de la ciudad, junto a Felipe Calderón, ordenando a su jefe de seguridad, detener a 100 manifestantes, no importa como y no importa donde, solo 100 y así, el mismo día que calderón se destapaba como precandidato por el partido acción nacional y acuña le levantaba la mano como virtual vencedor de una batalla que aun no comenzaba, la marcha con la que se terminaba La Cumbre de los Pueblos era dispersada violentamente, con decenas de detenidos que fueron torturados y violados todos sus derechos en las cárceles de Guadalajara. El golpe que recibió el movimiento anticumbres ese año, es un golpe de que les ha costado levantarse.

Para el 2006 el ALCUE decidió reunirse en Viena, Suiza. Tal

vez el recuerdo de lo que había pasado en México dos años atrás o los procesos de movilización social que se vivan en ese entonces en América Latina, los obligo a realizar su cumbre en el viejo continente, sin embargo, la Red Biregional, celebrando sus dos años de vida, se llevo la Cumbre a Viena y no solo fue la Cumbre con sus talleres auto-gestionados y sus panel temáticos, no esta vez, por fin el sueño de que el Tribunal Permanente de los Pueblos sesionara contra las transnacionales Europeas se hizo realidad y comenzó un juicio contra esta nueva forma de invasión, un juicio que duro dos años para que el TPP diera un veredicto. En todo este tiempo, se realizaron audiencias especificas de los casos presentados en Viena, se recabo mas información para que, en el 2008 en Lima, Perú, de nuevo y como es costumbre, en el marco de la reunión del ALCUE, se llevara a cabo la III Cumbre de los Pueblos "Enlazando Alternativas" y así el TPP sesionara de nuevo para dar un veredicto final a las acciones de las Transnacionales Europeas en América Latina.

Lima, fue por siete días, el cuartel general de la Red Biregional Unión Europea-América Latina y dio albergue a miles de activistas, campesinos, indígenas, académicos, estudiantes y simples ciudadanos, que desde la Universidad de Ingenierías (UNI) discutieron alternativas, compartieron luchas y vincularon resistencias. Desde la UNI en Lima, Perú, los movimientos sociales abrieron ventanas que no solo servían para mostrarnos las luchas de los otros, sino que nos invitaban a brincar por esas ventanas abiertas, a imaginar más allá de las vallas (reales e imaginarias) que los poderosos intentan poner a las alternativas que cada vez se enlazan más y más.

El TPP dio su veredicto. Un veredicto que a pesar de su carácter ético moral, para las comunidades presentes, para todos aquello que luchan contra las violaciones que las transnacionales cometen en su territorio, es muy importante. Una condena internacional, una sentencia en contra, aunque esta sea ético y moral, sirve de respaldo y de soporte para las luchas. Es una ventana mas para seguir brincando las vallas que nos ponga.

Esta vez a pesar de que las intenciones de Alan García eran las contrarias, La Cumbre termino sin complicaciones, sin embargo el ambiente tenso de estar todo el día rodeado de policías y militares, de las declaraciones del jefe de seguridad publica de Lima ("En cualquier acto de terrorismo, les dije a mis policías, no piensen, actúen"), de el cierre con vallas del Centro Histórico para que los Jefes de Estado y sus esposas (¿y amantes?) pudieran hacer turismo sin problemas, de los policías entrando todas las mañanas al hotel para tomar lista de los huéspedes (desde recepción claro), fue el pan de todos los días. Nada que lamentar, salvo los tiempos de la presentación de casos del TPP, pero bueno, todos tienen derecho a presentar sus problemáticas. La III Cumbre de los Pueblos con sus aciertos y sus errores, es una muestra de que mientras las puertas se cierran para los movimientos sociales y las calles se llenan de vallas para que los que se suponen son nuestros empleados, actúen con justicia, no escuchen, vean al pueblo que les exige hacer su trabajo, es una clara muestra de que a falta de puertas abiertas, romperemos vidrios imaginarios para entrar por las ventanas y así, crear, esos mundos posibles, esas realidades con las que soñamos y nos imaginamos.

Mayo 2008

El valor de las ideas

Conocí a Eldridge Cleaver en 1994. Eran los tiempos en que mi anarquismo era duro, dogmático y solo permitía un poco de la teoría neo-zapatista, pero nada más, odiaba el marxismo o cualquier otra ideología que oliera a "socialismo científico". Me tope con el libro Pantera Negra de Cleaver editado en México por Siglo XXI Editores en 1971 estaba en la sección de libros usados de una en una pequeña librería ya desaparecida de mi ciudad. Al comenzar a leerlo comenzó mi admiración a uno de los personajes emblemáticos del Partido Pantera Negra.

Este libro es una recopilación de algunos de los textos que Eldrige Cleaver escribió para la revista "Ramparts" así como muchos de los discursos que pronuncio antes de su eventual desaparición, la cual fue obligada o tendría que volver a la cárcel, algo a lo que el no estaba dispuesto.

La historia de Cleaver no es diferente a la historia de muchos afro americanos. Visito cuantas cárceles pudo hasta los 30 años cuando harto de la vida que llevaba, estando en prisión decidió convertirse en musulmán y escribir un libro sobre su vida. Salio de la cárcel bajo palabra y comenzó a trabajar en la revista "Ramparts" una de las revistas mas respetadas en las décadas de los sesenta y setenta y se involucro activamente con el Partido Pantera Negra, cosa que lo llevo a tener problemas con las autoridades, que se agravaron al convertirse en el orador oficial del partido tras la encarcelación de Bobby Seale y Huey Newton. Tras un tiroteo callejero con la policía de Okland, donde murió uno de los miembros mas jóvenes del PN y Cleaver fue acusado de asesinato, desapareció de la vida política y publica por mas de veinte años.

Intente infructuosamente conseguir su primer y único libro (una novela autobiografía de sus tiempos de delincuente, llamada "Soul on Ice") se que Siglo XXI Editores la publico en español, pero no he logrado conseguirla, pero ese libro con pequeños textos en los que va dejando ver lo que realmente significa involucrarse activamente en la búsqueda de la justicia, fueron suficiente para que mi mentalidad de anarquista cerrado, se abriera. Además que leyendo ese libro conocí a otros afro americanos que en los sesenta lucharon por los derechos civiles y que de manera admirable armaron el camino para de lucha para muchos. Algunos de los que me quedaron grabados ideas y pensamientos, como lo es Stokely Carmichael que decía que la mejor ideología es la que se hace desde la lucha verdadera y desde una búsqueda de la justicia, así como su manía por citar frases de Alicia en el País de las Maravillas.

Me hizo entender que más allá de la violencia, incluso de la que se escuda en su segundo nombre como lo es la violencia revolucionaria, no son nada si no logramos antes ser un verdadero peligro para el orden establecido. Conocí a Franz Fanon y leí Los Condenados de la Tierra, un ensayo indispensable para entender las revoluciones, desde el comienzo hasta el fin. Cleaver no era un anarquista, tiraba mucho mas al marxismo, pero no era un dogmático, no, su formación política, que casi en su totalidad había sido en la prisión, no estaba contaminada por los dogmas y perjuicios que contaminan a los que vamos siguiendo siempre el camino de una sola ideología.

Por mucho tiempo no quise saber que había pasado con Cleaver, me lo imaginaba viviendo en México, en alguna pequeña ciudad, enseñando junto a su esposa y compañera, alejado de toda vida social y política y hace poco mas de un año que un día sin mucho que hace decidí teclear su nombre en un buscador de Internet para enterarme que a fines de los ochenta fue senador por el partido demócrata, que se convirtió en cristiano, pero que nunca a pesar de cambiar sus ideas de lucha social, dejo de estar activo en su lucha por hacer de este mundo, un mundo mas justo. Como muchos de los Panteras Negras de mediados del siglo pasado, que para sobrevivir en su lucha tuvieron que cambiar sus estrategias de luchas, Cleaver hizo lo que pensó era lo mejor, tal vez se equivoco, tal vez le falto mas compromiso, tal vez, era, como muchas veces me han dicho, solo un negro vendido pensando en su propio beneficio, yo solo se que en 1994, cuando el EZLN nos invitaba a inventarnos ese nuevo mundo donde cupieran todos los mundos imaginables, a mi un Pantera Negra me estaba enseñado el valor de las ideas cuando estas llegan sin pretensión, sin una pose ideológica, cuando te hacen eco en esa pequeña parte que te dice que los cambios los hacen las personas, no las ideas, mucho menos los teóricos. A Cleaver no solo le tengo que agradecer que haya acabado mi dogmatismo anarquista y así haya logrado trabajar y hacer grandes amistades con personas con ideas políticas muy diferentes a las mías que también les interesa la justicia, sino también mi escritura, después de leer Pantera Negra de Eldrige Cleaver, comencé a escribir mis ideas, aun no logro que algún periódico, revista o medio electrónico me publique regularmente, pero aquí están y esto se lo debo a un Pantera Negra.

Junio 2008

Barry Horne: Liberador de animales

A Delia por su dedicación y activismo

Tal vez para muchos el nombre de Barry Horne no signifique nada, tal vez algunos que lean este texto al terminar de leerlo piense que era otro pequeño burgués con mucho tiempo libre que no luchaba por las verdaderas causas, tal vez la mayoría ni siquiera sea capaz de entender por qué una persona es capaz de dar su vida por lo que cree, cuanto más si en lo que cree es los derechos de los animales, mas allá del trato ético, cree en una verdadera y real liberación animal. Barry Horne lo creía y fue capaz de morir por esta idea.

El cinco de noviembre del 2001 después de una huelga de hambre (su tercera) de más de sesenta días y pagando una sentencia por liberar a varios animales en distintos lugares de Inglaterra que eran utilizados en pruebas de vivisección y en la industria peletera. Cargos que le dieron una condena de más de 18 años de prisión y que dejaron más de 30 millones de libras como consecuencia para la industria farmacéutica y peletera en el Reino Unido.

Barry comenzó la tercera y última huelga de hambre como forma de protesta al parlamento ingles que había prometido revisar las leyes sobre la vivisección en el Reino Unido y así lograr un control y una pequeña victoria en la defensa y liberación animal. Un proyecto altamente acariciado por los defensores de los derechos de los animales que usan la vía legal y política. Barry creyó en ella, aunque era un amante de la acción directa (no violenta) para la liberación de los animales. En el libro "En memoria de Barry Horne" publicado por algunos colectivos animalistas, uno puede leer con gusto las acciones en las que participo Barry y no nos queda más que sonreír de orgullo ante un tipo de 49 años, empleado del servicio de recolección de basura de Londres que dejaba todo por participar en la liberación de los animales que son sometidos a las más grandes crueldades por parte de la industria farmacéutica, en prácticas que no solo son inútiles, sino costosas. Barry era capaz de planear las acciones más descabelladas y salir con los animales libres. Las acciones contra Boots o contra Interfauna, dos empresas que a la larga gracias a los ataques del Frente de Liberación Animal han cerrado sus experimentos con animales, así como el intento de liberación de Rocky el delfín que termino por cerrar todos los delfinarios de Londres son pruebas del compromiso de Barry con la lucha por la liberación animal. Los tratos con el partido laborista para que la ley anti vivisección fuera aprobada, muestran también su claridad en la lucha y la necesidad de no descuidar el brazo político a la par del brazo armado. Su decepción al ser traicionado por políticos que no les importaba más que conseguir fondos para sus campañas lo llevaron a la decepción y encerrado en prisión hizo uso de lo único que tenia a la mano para continuar con su lucha. Su propio cuerpo. Lo pago con su vida, pero después de su muerte muchas cosas cambiaron en el Reino Unido, la industria peletera no pudo con tanto sabotaje llegando casi a la quiebra, la vivisección dejo de ser un negocio rentable, el trato ético hacia los animales tomo mas fuerzas y se hicieron algunos cambios a las leyes de protección animal. Tal vez no era todo lo que Barry quería, pero si logro cambios que a la larga servirán a otros en una lucha que a veces parece no tener sentido…Barry fue un gran hombre, comprometido, luchador incansable y capaz de morir por sus ideales…si más gente con esta temple y actitud existieran, el mundo sería otro. Barry murió, pero su semilla sigue germinando.

Septiembre 2008

El modelo de Desarrollo, REDD y el comercio del carbono

A menos de tres años para el vencimiento del Protocolo de Kyoto y con antecedentes de fracasos en las últimas reuniones de los países que firmaron dicho protocolo, en marzo se reunirán en la ciudad de Copenhague, intentando llegar a un acuerdo que les permita para el 2012 firmar un nuevo tratado. En papel el intento es seguir en la lucha contra el cambio climático, en la práctica, la búsqueda es darle salida a las nuevas formas de negociar con el ambiente y el cambio climático.

Según datos de la Asociación Nacional Oceánica y Atmosférica de los Estados Unidos, en el 2008, el comercio del carbono aumento de 64,000 millones de dólares que se movieron en el 2007 a 118,000 millones de dólares, es decir un 84% aproximadamente, sin embargo esta medida que debería de mostrar una reducción de Carbono en la atmósfera no mostró un cambio descendente sino que las concentraciones de Dióxido de Carbono aumentaron en 2,2 partes por millón en comparación con el aumento del 2007. Es claro que el comercio de carbono, una pieza fundamental en el Protocolo de Kyoto no ha conseguido reducir los gases de invernadero, sino que ha contribuido en el aumento de los mismos. Ahora con un protocolo que fracaso y con una población mucho más sencilla al problema del Cambio Climático que hace veinte años, los gobiernos buscaran una nueva forma de hacer dinero con este problema, un problema que ha dejado miles de afectados y miles de millones de dólares como consecuencia en la economía global, no es una coincidencia que mientras los problemas ambientales aumentan, la crisis económica también lo hace.

Solo en Europa los costos económicos del cambio climático alcanzan los 1500 millones de dólares del 2003 a la fecha.

Si a tres años de su vencimiento el Protocolo de Kyoto fracaso en su intento de reducir los gases de invernadero producidos por la actividad humana, ¿Por qué entonces el intento de echar andar un nuevo protocolo? Porque los comerciantes de carbono ya tienen un nuevo negocio que les permitirá mayores ganancias que el comercio de carbono dirigido a la industria (ahora que tenemos una industria en franca decadencia por la crisis económica), el nuevo plano de comercio son los bosques y el Plan de Reducción de las Emisiones producto de la Deforestación y la Degradación de los Bosques (REDD) es y será la punta de lanza para los países y los comerciantes de carbono detrás de los gobernantes para la firma de un nuevo protocolo.

Sin embargo el REDD no es la panacea que nos permitirá acabar con el cambio climático, solo permitirá que los precios de los bonos de carbono logren una estabilidad que han perdido en los últimos meses y continuar con el negocio de los bonos verdes, sobretodo los industriales europeos y los proyectos de energías renovables que han ido a la baja, permitiendo que los principales emisores de gases de invernadero (los países del norte) puedan recuperar algo del dinero perdido en los últimos meses con la crisis económica y mantener sus prácticas industriales que siguen arrojando las mismas cantidades de emisiones a la atmósfera, si queremos reducir la cantidad de gases de invernadero, se tiene que reducir la producción de los mismos, los bancos de carbono, la propuesta principal del REDD, no tiene sentido sino reducimos de manera radical las emisiones de gases de invernadero a la atmósfera, estabilizarlas no sirve de nada, a menos que sigamos pensando desde una perspectiva mercantilista.

Según el Cuarto Informe de Evaluación del Grupo Intergubernamental para el Cambio Climático (IPCC) la concentración del dióxido de carbono en la atmósfera es de 386 partes por millón, el mismo informe establece que para impedir que el calentamiento global siga en ascendencia, la reducción de gases de invernaderos debe de ser de un 85% para el 2050, si la tendencia continua en la misma línea, tanto el REDD como la venta-compra de carbono no pueden reducir las emisiones, ya que estos programas están diseñados para una estabilización de emisiones ajena a la problemática real del calentamiento global. La atmósfera tiene una cantidad mayor de gases de invernadero de los que puede desechar de manera natural, una estabilización de emisiones no permite más que continuar con la venta de carbono, pero no da oportunidad de recuperar los niveles adecuados de gases a la atmósfera.

El fracaso del Protocolo de Kyoto tiene una huella fácil de seguir y de detectar, los especialistas las reconocen y hablan de ella, aunque lo hagan a los oídos sordos de los gobernantes que han visto en el cambio climático un negocio y una puerta mas para sobrevivir a la crisis económica. A unos cuantos días de celebrarse una nueva reunión para discutir el nuevo formato del siguiente protocolo a firmar el 2012, las voces de los especialistas, académicos, activistas y las comunidades afectadas ya comienzas a escucharse. El cambio climático es un problema socio-económico que repercute seriamente en las comunidades más pobres y la única solución ante el calentamiento global es la reducción drástica de emisiones a la atmósfera, es radical pensar en nuevas formas de producción, pero si realmente queremos pensar en una solución real y efectiva ante la problemática del cambio climático, entonces debemos pensar en otro modelo de desarrollo, difícil pero no imposible.

Referencias:
http://www.noaa.gov/eos.html
http://archivo.greenpeace.org/energia/informe/Costes_Kioto.pdf
http://unfccc.int/portal_espanol/items/3093.php

Marzo 2009

La Asamblea de los pueblos: En Medellín articulando la resistencia

En la semana del 25 al 29 de marzo, en la ciudad de Medellín, Colombia, se llevo a cabo la cumbre de gobernadores del Banco Interamericano de Desarrollo. Dicha cumbre tenía dos propósitos. El primero era celebrar sus cincuenta años de vida y el segundo la capitalización del Banco que se encuentra en una situación critica, por la misma crisis económica que mantiene en jaque todo el sistema económico actual. Esta cumbre como todos los eventos que organizan los que ostentan el poder económico en los países del sur, fue celebrada lejos de las comunidades afectadas por el BID y las demás Instituciones Financieras Internacionales, sin embargo el discurso de los participantes a esta cumbre, las cifras de cómo han apoyado al desarrollo de los más pobres siempre estuvo presente, los medios de comunicación masiva hicieron su propagando habitual y nos presentaron cifras y estadísticas de cómo Latinoamérica ha ido saliendo del tercer mundo gracias a instituciones como el BID, cifras que como siempre son manipuladas y maquilladas para presentar la propaganda, nunca la verdad.

Un poco más debajo de donde se reunieron los gobernadores del BID, en un espacio que no hace honor a su nombre de pequeño teatro, porque la energía que se sintió en ese espacio y la cantidad de gente que participo lo hizo ver como un gran teatro, se reunió la asamblea de los pueblos. Asamblea que tenía como objetivo principal reunir a los acreedores del BID y así todos juntos echar por tierra por lo menos un poco la celebración del BID. Presentar una verdad que no se diría en otro lugar y escuchar de primera mano como el modelo de desarrollo promovido por los gobiernos y las Instituciones Financieras Internacionales solo sirve para mantener a las comunidades oprimidas en la marginalidad y la pobreza, lejos de todo el discurso de bienestar y desarrollo que se escucha en la propaganda oficial.

En este alter foro, esta asamblea de los pueblos acreedores del BID, se reunieron más de mil personas en los tres días, donde se escucharon reportes técnicos y académicos sobre las afectaciones del Banco. Basados en la mejor ciencia. Se presentaron datos de cómo los préstamos otorgados por dicha institución han incrementado la pobreza, la crisis social, el cambio climático y la crisis ambiental que vivimos actualmente. Representantes de Oilwatch Sudamérica, Social Watch, ILSA, Jubileo Sur Américas y muchas más organizaciones sociales e instituciones académicas nos hablaron de los planes del BID y los gobiernos para seguir fomentando una deuda ilegitima y que en la mayoría de los casos ha sido pagada de muchas maneras. Expertos explicaron de manera clara y contundente como las acciones de las IFIs nos mantienen en la situación actual de precariedad y acreencia.

Pero no solo hubo académicos presentando datos fríos y serios, también hubo casos específicos de casi 16 países de Latinoamérica que nos hablaron de cómo ha sido afectada su vida por la influencia de los préstamos del BID; así pudimos escuchar a los acreedores del Ecuador y la privatización del organismo de agua potable en Quito financiada por este Banco, lo mismo que en Colombia y México, Las Hidroeléctricas en Honduras y Brasil, los proyectos de infraestructura carretera en Colombia y Perú y muchos casos más de comunidades afectadas por esta institución que a pesar de todo aun piensa en seguir endeudando mas a los países, no en balde días antes presentaba su proyecto de financiar a México con nueve mil millones de dólares más y a Colombia con casi cinco mil millones de dólares que los gobiernos están felices de aceptar sin pensar en las consecuencias de estos préstamos. También se escucho la voz de los migrantes, otra forma de afección de las IFIs, de los jóvenes donde se sintió una gran energía y ganas de cambiar las cosas para que el futuro no pinte tan negro, trabajar el presente para ver el futuro, podría ser la clave que con buena música de hip-hop a cargo de Golpe de Estado dueto de Bogotá que acompaño la asamblea de los jóvenes que no pidieron una oportunidad de participar, sino la tomaron e hicieron uso de su rebeldía para ir articulando una red Latinoamericana de resistencia contra el modelo de desarrollo actual.

Pero no todo fue la asamblea de los pueblos acreedores y el foro académico en el pequeño teatro, tampoco fue la marcha que congrego a miles de personas, que en medio de fiesta y baile protestaron contra las políticas económicas y represivas actuales, tampoco todo se quedo en el rompimiento de esta movilización por parte de las autoridades que afortunadamente no paso a mayores y la violencia solo quedo en un remojón y cuatro detenidos que fueron liberados en cuestión de horas, no todo fue esto.

Esta asamblea también subió a las comunas, los barrios afectados por las políticas privatizadoras de Colombia, específicamente por Empresas Publicas de Medellín, órgano del gobierno que hace tan bien su trabajo de privatizar y de negar lo mínimo a la comunidad marginal, que no necesita a las transnacionales para aplicar políticas privatizadoras, ellos hacen muy bien su trabajo. En las comunas, los doscientos mil desconectados a los servicios públicos vitales para una vida digna como el agua y la luz también se hicieron escuchar y en la parte más alta de la ciudad, en los foros populares, el otro Medellín también hablo y se hizo escuchar. Cientos de participantes presentaron su condición, lo que piden, por lo que luchan, lo que quieren y en lo que se comprometieron para conseguirlo. Foros que no solo sirvieron para quejarse de EPM, sino también para de poco a poco organizarse, porque los desconectados saben organizarse a pesar de los intentos de EMP, del gobierno de Medellín, de los paramilitares y de toda la violencia que todos estos órganos que reprimen e intentan meter miedo a los habitantes de las comunas, los desconectados saben organizarse y con ayuda de los abogados de la Organización de La Peña, de otras organizaciones y colectivos se vislumbra un poco de esperanza de una vida digna para la población más golpeada de la ciudad. Mención aparte merece Don Ramiro que puso a disposición de la comuna ocho, (lugar donde se llevo a cabo el foro popular del agua) toda su experiencia trabajando en EMP haciendo acueductos para en pleno acto de desobediencia civil comenzar a construir su propio acueducto y así apropiarse de algo que por derecho les pertenece.

Los foros populares le dieron otro significado a la asamblea de los pueblos, le dieron la voz a la ciudad anfitriona y lo hicieron de la mejor manera posible; nos invitaron a sus casas, a su comunidad y nos abrieron las puertas de sus casas a todos "los internacionales" como ellos nos llamaron, nos compartieron un rico "sancocho" y nosotros compartimos nuestra experiencia y conocimiento, esperando que les sirva de algo, que les ayude aunque sea un poco en su lucha. En los foros populares la otra Medellín tomo la palabra y nos enseño mucho más de lo que podíamos aprender leyendo los periódicos y viendo las noticias que solo hablaban de los gastos enormes de la ciudad para recibir a los gobernadores del BID, esos que no tuvieron la suerte de conocer a los afectados por sus políticas y digo la suerte porque la sinceridad y la camaradería que se siente en las comunas, ellos nunca tendrán acceso.

La celebración de los cincuenta años del BID no fue con bombo y platillo, la capitalización del Banco aun sigue en discusión, pero la lucha de los acreedores es cada vez más fuerte y articulada. Tal vez no estemos ante la muerte del BID como alguien menciono, pero creo que si estamos ante una resistencia mas articulada y ante una identidad mucho más amplia e incluyente a todos los movimientos sociales en Latinoamérica. La acreencia ya comienza a notarse y los pueblos ya comienzan a tomar su identidad de acreedores y a exigir un trato como tal. El lema de "no debemos no pagamos" comienza a cobrar sentido en muchas mas voces.

Abril del 2009

La justicia climática y la crisis civilizatoria

Cuando pensamos en cambio climático, la mayoría de las veces pensamos en glaciares derritiéndose, poniendo en peligro a osos polares, focas y otros grandes mamíferos habitantes de los polos; también pensamos en huracanes de gran intensidad y los destrozos que estos ocasionan. La televisión nos muestra: Hoteles devastados y el mar cubriendo gran parte de lo que antes eran playas, marinas y costas turísticas, polos derritiéndose y sumergiéndose en el agua helada.

Es un hecho innegable e incuestionable que el clima esta cambiando y que estos cambios están afectando las relaciones de las especies en los distintos ecosistemas, incluidas en ellas la especie humana. Imaginarnos lo que los medios de comunicación han tomado como los ejemplos significativos del cambio climático es correcto, pero no es del todo realista, pues para un habitante del Desierto de Sonora es difícil identificar como propio el deshielo de los polos, de igual forma a un Tarahumara o a alguien que vive en los bosques Cascadian, en el noroeste de Norteamerica, no pueden imaginar la magnitud de un huracán golpeando las costas del Golfo de México o una de las islas del Pacifico Sur, sin embargo, los cambios del clima tienen sus afectaciones en todo el mundo; no son tan difíciles de identificar e incluso buscar soluciones de adaptación y mitigación a un nivel mas comunitario, que las que se buscan en la actualidad.

Reconocer estas afectaciones a nivel comunitario y buscar soluciones al mismo nivel, nos llevan a la búsqueda de una justicia climática y a un reconocimiento de acreedores ecológicos para con un modelo económico y civilizatorio que fomenta y aumenta las desigualdades ambientales, sociales y con esto la problemática socio ambiental.

Si bien es cierto que en los últimos diez años el cambio climático ha formado parte de las noticias permanentes en los distintos medios de comunicación, desde la televisión hasta la prensa escrita y la mayoría de las personas con acceso a estos medios saben de sus causas y consecuencias: identificar el calentamiento global tiene una relación directa con la industrialización y el aumento de los gases de invernadero antropogenico en la atmósfera, el uso del combustible fósil y la explotación de los recursos naturales; los problemas sociales mas inmediatos no siempre son visibles por los medios de comunicación o por los ahora llamados activistas del clima, sin embargo están presentes y están causando una serie de problemáticas mas allá del cambio de clima y de la extinción de especies.

Desde la década de los setenta, cuando algunos científicos pusieron el fenómeno del cambio climático y su consecuencia mas tangible: el calentamiento global sobre la mesa, el fenómeno solo ha sido tratado por científicos ambientales y/o activistas ecologistas radicales sumándose algún que otro ambientalista moderado. Por lo tanto a este problema siempre se le ha identificado como un problema ambiental y la mayoría de las acciones que se presentan como solución, son acciones de conservación de ecosistemas, de remediación en algunos de los casos, pero poco o nada se toma el problema desde una perspectiva social y económica, dos aristas del que después de 30 años apenas comienza a ser parte del discurso.

Si bien es cierto que el derretimiento de los glaciares y los grandes huracanes en la actualidad tienen serias repercusiones en los ecosistemas, contribuyendo a desequilibrios en las cadenas tróficas y de supervivencia de los seres vivos mas vulnerables a estos cambios, los costos de las económicas locales también sufren un severo revés, pero no solo por estas catástrofes naturales, sino por cambios en el clima que no son tan impactantes para el ojo humano, pero que contribuyen seriamente en los problemas del clima y en las actividades antropogenicas. Sin embargo los últimos cinco años, el tema de las afectaciones climáticas en las economías emergentes o en los países en vías de desarrollo ha sido tema de discusión en las cumbres o reuniones de la convención marco para el cambio climático de la Organización de Naciones Unidas, lo cual se podría clasificar como una buena señal: incluir el impacto del cambio climático en en las poblaciones humanas, pero esto solo ha servido para dos cosas: la primera es para reconocer que los países mas pobres tienen una carencia de políticas y legislaciones ambientales que permitan una adaptación a los efectos de calentamiento global, además que permiten a las corporaciones continuar con la privatización y la extracción de recursos naturales, contribuyendo así al incremento de la deuda ecológica y de la injusticia ambiental de las poblaciones mas vulnerables. La segunda es la ahora llamada economía verde que se ha venido dando desde la puesta en marcha el protocolo de Kyoto. Tanto los Mecanismos de Desarrollo Limpio, el cap and trade, el REDD y demás Mecanismos de Carbono han abierto el camino para que corporaciones, Instituciones Financieras Internacionales y Gobiernos pintándose de verdes y preocupados por el cambio climático se enriquezcan con falsas soluciones que impactan igual o mas que la extracción depredadora de los recursos naturales actual.

El cambio climático a pesar de lo que los medios de comunicación masivos nos venden no es solo un problema ambiental o de perdida de ecosistemas, también es un problema social que se presenta con la desertificación y la perdida de suelos, la crisis actual del agua, la crisis agrícola global y la migración.

Se deben de buscar medidas de adaptación y control de daños que vayan encaminados a la búsqueda de una justicia climática que permita que las poblaciones mas vulnerables – de cualquier especie existente- sea capaz de adaptarse a todos los efectos y consecuencias que los cambios en el clima están provocando. Buscar una justicia climática desde una identidad de afectados ambientales y acreedores de una deuda que día a día aumenta por el modelo civilizatorio que fomenta y contribuye a la privatización y destrucción de los recursos naturales es parte fundamental de reconocernos como una sociedad cambiante, en la búsqueda de una forma de relacionarnos entre nosotros y nuestro entorno mucho mas amigable e igualitaria.

Noviembre 2009

* Ponencia presentada en el Foro Impactos regionales del Cambio Climático, organizado por la Fundación Boell, en la Cd de México.

Naomi y los aeropuertos

Quedarte prácticamente varado en un aeropuerto esperando el trasbordo por horas no es algo para envidiar, especialmente cuando los aeropuertos se han convertido en ciudades comerciales, en templos de las franquicias donde es casi imposible comer o tomarte un café que no sea de una transnacional que no solo tiene un negro pasado, sino que los precios son altísimos para un activista que odia viajar en avión.

La única alternativa a esta situación es la Internet, conectarte vía Wi-Fi y comenzar a navegar, si tienes suerte te podrás encontrar algún amigo desvelado con quien platicar por el mensajero instantáneo, sino, puedes revisar correos electrónicos, noticias o simplemente perder el tiempo por la red. En eso estaba cuando desde uno de los periódicos en línea que forma parte de mis referentes diarios se me presenta una entrevista con Naomi Klein, esta activista mediática que desde 1999 a la fecha se ha convertido en un símbolo del movimiento altermundista. Confieso que su libro emblemático no me pareció la gran cosa, es un buen libro, que representa muchas de las luchas que en ese momento se estaban librando en la calle y ahí radica su importancia, su segundo libro es una recopilación de textos que se disfrutan al leer. Su nuevo libro aun no leo, vi el documental que hizo Cuaron para promocionarlo y me pareció interesante. También he leído con atención algunas de las entrevistas que Naomi ha concedido algunos medios y a pesar de que muchos teóricos sociales la consideran una aprovechada que no conoce mucho de teoría social, una pragmática ingenua diría un amigo sociólogo metido a la burocracia institucional, me parece que Naomi es de las pocas activistas que realmente esta reflejando lo que sucede en los movimientos sociales y en las luchas de poder. Ella no refleja el postmodernismo tan cantado por los grandes teóricos de finales del siglo XX, esta más documentando los cambios sociales y eso hace disfrutables sus escritos y sus entrevistas.

Esta entrevista que concedió a el periódico español Diagonal hace unos días, me dejo algunas reflexiones (y una necesidad personal de leer su nuevo libro) sobre la memoria colectiva. En México la memoria colectiva no existe y de cierta manera por esa razon seguimos repitiendo los mismos patrones de conducta de hace años. En los últimos veinte años la izquierda electoral ha sufrido dos derrotas políticas cercanas al fraude y sin embargo aun no comienzan las manifestaciones populares al grito "que se vayan todos" Se continua intentado lograr acuerdos con una derecha en el poder que no tiene el mínimo interés en acuerdos que beneficien al pueblo. La izquierda radical sigue estancada en su propia historia que desde la revolución mexicana esta sumida en un fundamentalismo que no permite más lucha que la que ellos/nosotros mismos se/nos inventan. Sin embargo se reconoce al pueblo mexicano que esta presente para ayudar a sus hermanos en desgracia, las historias del temblor de 1985 en la ciudad de México y las inundaciones en Tabasco son parte de la historia de solidaridad del pueblo mexicano, sobre lo que paso después y como los gobiernos se aprovechan de estas desgracias Naomi lo resume, creo yo de manera concreta en su libro aunque no hable específicamente de estas catástrofes.

La importancia de la memoria colectiva y de recuperar el pasado para reconocer nuestro futuro son fundamentales en la construcción de otro mundo, si olvidamos estamos condenados a seguir repitiendo los mismos errores, lo se, es una frase trillada que seguro la han escuchado y leído en muchos otros lugares, pero en estos tiempos de revueltas y cambios es importante no olvidarla, recuperar las historias, volverlas parte de nuestras luchas y de nuestras demandas, al fin y al cabo como hace unos días escuche por ahí, ya no hay nada nuevo bajo el sol. La derecha sigue utilizando los mismos métodos de control de toda su historia y la izquierda (la verdadera izquierda) sigue pecando de ingenua. Mas allá de lo que digan las teorías sociales y los nuevos nombres que les pongan a las problemáticas actuales, si les escarbamos un poco, si nos vamos hasta el fondo del problema nos daremos cuenta que seguimos luchando por lo mismo que se ha venido luchando desde el principio de las revueltas. Justicia para todos.

Leer a Naomi en el aeropuerto sin nada mejor que hacer y sin poder comprarte un café para la espera, en medio de la tierra de las corporaciones y las franquicias, suele ser reconfortante, mucho mas reconfortante que leer no se, a Giddens tratando de explicar por que el postmodernismo nos tiene atrapados en su ilusión.

Marzo 2010

Las cuencas ya son un sistema integral por sí solas

En los meses más recientes, el discurso oficial del gobierno del Estado de Sonora, ha pasado de afirmar que vivimos una crisis de escasez de agua para asegurar que tenemos una sobreabundancia de la misma, sólo que *mal distribuida*. La campaña mediática que han orquestado dejó al descubierto su principal objetivo desde hace dos semanas, cuando presentaron de manera oficial el proyecto Sonora SI (Sistema Integral)*. Este "sistema" consiste en la construcción de cinco presas de abastecimiento en el sur del Estado, una desaladora en la Bahía del municipio de Guaymas y el encanalanamiento de algunos sistemas de riesgo en el Valle del Yaqui y el Valle del Mayo; con un costo aproximado de once mil millones de pesos, de los cuales el 43% serán participación de la iniciativa privada y el resto será contribución del gobierno federal estatal y los municipios involucrados en el proyecto.

No podemos negar que existe una crisis del agua, esto no es sólo un problema en el Estado, sino que tenemos una crisis a nivel global. La necesidad de buscar soluciones a esta problemática debe ser prioritaria para cualquier gobierno y se deben de construir las herramientas que impulsen políticas adecuadas para la gestión correcta del agua. Sin embargo, el Sistema Integral propuesto por el gobierno de Sonora, no sólo es un proyecto incapaz de garantizar agua a largo plazo, sino que parte de una idea desarrollista, antigua, que no toma en cuenta las diferentes variables actuales, que deben ser los ejes rectores de los gobiernos actuales, como son la justicia social y ambiental, el derecho a la información y la participación ciudadana.

Comencemos con el tema económico y la deuda que generará este mega proyecto. Sin entrar mucho en detalle sobre la participación de la iniciativa privada, que es la mayor inversión del proyecto y de cómo esto puede abrir las puertas a la privatización del agua en Sonora, tema que siempre está presente en las perspectivas de garantizar el líquido, mencionemos que este proyecto generará una deuda pública del Estado por aproximadamente cuatro mil millones de pesos. Si sumamos la deuda del Plan Sonora Proyecta (PSP) que es de cinco mil millones de pesos, entre las dos sumarán nueve mil millones de pesos, esto la deuda en bruto, sin contar los intereses, remanentes y revolventes que generan este tipo de deudas.

El Sistema Integral plantea la crisis del agua como una mala distribución de la misma. Si vemos esta perspectiva como la correcta, el proyecto tiene mucho sentido. Sin embargo la crisis del agua es mucho más compleja. Es una problemática histórica de un mal manejo de los recursos hídricos y una política hídrica basada en la extracción de los recursos naturales más allá de las capacidades de los propios ecosistemas. Continuar con estas políticas, no sólo es irresponsable, sino ingenuo y lejos de las necesidades actuales, no sólo de los seres humanos, sino de los propios ecosistemas que necesitan estar en equilibrio. En resumen, el SI no tiene un fundamento actualizado, sino se basa en una política con más de treinta años de antigüedad, totalmente obsoleta.

Continuemos ahora con las presas. En los últimos veinte años, con la formación de la Comisión Mundial de Represas, organismo multidisciplinario formado para emitir recomendación sobre la viabilidad de la construcción de presas y que dicta una serie de recomendaciones basadas en estudios serios y bien fundamentados, la información de los impactos negativos de las presas, desde las hidroeléctricas como de abastecimiento, es contundente. Entre ellos está el desplazamiento al que son forzadas comunidades humanas y silvestres al construir presas. La información tiene bases sólidas para decirle "no" a una presa. Su construcción significa un desequilibrio en los ecosistemas riparios y río abajo en los deltas de los ríos que conforman una cuenca. Si a esto le sumamos que dichas construcciones contribuyen en un ocho por ciento las emisiones de Gases Efecto Invernadero (GEI), causantes principales del calentamiento global y que de seguir construyéndolas esta cifra puede aumentar, tenemos que las presas no son una solución ambientalmente responsable y que pueden en mediano plazo, contribuir más al deterioro ambiental.

Partiendo desde estos estudios, tanto la Unión Europea como los Estados Unidos han reforzado sus políticas en cuanto al tamaño, la capacidad y los materiales de construcción de las presas, siendo España el ejemplo más significativo al prohibir la construcción de nuevas presas, tanto para generar energía como para abastecimiento. La construcción de cinco nuevas presas, como lo plantea el Sistema Integral, contradice las políticas ambientales que son el eje rector en muchos países y que deberían de ser igual en el nuestro. Al contrario, se está poniendo en riesgo un ecosistema muy desequilibrado por el uso intensivo de la producción agropecuaria, como lo es la zona riparia y en consecuencia los deltas. Los ríos llegan a los mares por una razón, que tiene su fundamento principal en el ciclo vital del agua y no como dicen por ahí, "agua no usada, es agua desperdiciada". Los mismos argumentos podemos usar para el acanalamiento y encementado de algunas zonas de los ríos y presas. El agua desperdiciada por los agricultores es debido al manejo y tipo de cultivo que tiene esta industria en la región, acanalar y encementar el agua, sólo desequilibra aún más el ciclo del agua, poniéndolo en riesgo, disminuyendo la precipitación y aumentando la crisis debido a la escasez.

En cuanto a la desaladora el mismo gobierno ha reconocido, ante las pocas voces que se han escuchado contra el Sonora SI, que es un proyecto inviable por los altos costos que implica desalar y transportar el agua, sin embargo, dentro del Sistema Integral, se contempla su construcción. Otra contradicción más del proyecto.

De igual forma que los sistemas riparios son los responsables de la captación y cosecha de agua en las cuencas debido a su vegetación y demás recursos bióticos, estos mismos contribuyen a mantener la precipitación en equilibrio. Una cuenca deforestada es una cuenca donde lloverá menos que en una cuenca en equilibrio. De igual forma los humedales marinos, zonas perfectas para la construcción de las desaladoras, tienen una contribución a mantener los océanos sanos. El impacto negativo de una desaladora se siente no sólo en el tema ambiental y geográficamente en una gran parte del mar, sino también tiene un impacto en la economía de los pueblos que viven de la pesca, pues al perder zonas de humedales, se pierden especies de valor económico y de uso humano. Si a la desaladora le sumamos las cinco presas podemos hablar de un declive en la precipitación ya de por sí escasa en el Estado. Esto significa menos lluvia y por consiguiente menos agua.

El Sistema Integral que abandera el gobierno del Estado y avalado por la Comisión Nacional del Agua, no es un *sistema integral*. En este momento es difícil hablar de violaciones a las leyes ambientales y de agua del país, pues aún se encuentra en fase de proyecto. Sin embargo, es irresponsable y contradice las investigaciones y tendencias actuales de un manejo integral de cuencas, de mitigación y adaptación al cambio climático y políticas responsables social y ambientalmente.

Hablar de un proyecto que garantice agua para toda la población del Estado de Sonora, incluyendo la vida silvestre; tiene antes que nada que involucrar a todas las cuencas del Estado, convertir en política pública la gestión de cuencas, cambiar los patrones de cultivo. En vez de buscar aumentar las hectáreas cultivables, como se hace actualmente, la política pública debe optimizar las que ya tenemos, mediante la reconversión agrícola y dejando el monocultivo. Elevar el derecho al agua como un derecho humano fundamental.

Entendamos que las cuencas son ya de por sí un sistema integral y con sólo recuperarlas nos garantiza agua para todos en corto, mediano y largo plazo. Ésta es una visión correcta de manejo del agua, sin necesidad de aumentar la deuda e involucrando a la ciudadanía en el manejo.

Los proyectos de relumbrón como lo fue el PSP en la administración pasada y ahora el Sonora SI, sólo generan más deuda social, económica y ecológica, que a la larga pagamos todos y en tiempos de jaque ambiental como los que vivimos actualmente, todos significa TODOS.

El NO al Sonora SI, está fundamentado en un "sí" al manejo integral de cuencas. Existen muchos ejemplos de su funcionalidad y la gente capaz de ponerlo a funcionar. Sólo falta la voluntad política de llevar la gestión a un gobierno que no esté sólo interesado en verse bien ante los medios y que no anteponga el bien común ante los beneficios de unos cuantos.

Para fines de este texto al hablar de "Sistema Integral" nos referimos al proyecto del Gobierno de Sonora, al hablar de "sistema integral" nos referimos a lo que en verdad significan estas palabras.

Marzo 2010

Los retos de Cancún y la COP 16

La primera lectura que se hace de la 15ava reunión de la conferencia de las partes firmantes del protocolo de Kyoto, la COP15, realizada en Copenague a fines del 2009, nos habla del fracaso y el rompimiento en las negociaciones entre los países, que no consiguieron llegar a un acuerdo benéfico para todos. Una lectura mas profunda, permite ver que este fracaso no fue en términos de negociación entre los países del norte global y el sur global, esta ruptura se había dado desde hacia mucho tiempo antes. Lo que esta segunda lectura nos arroja es el éxito que obtuvieron los interesados en el comercio del carbono y los mecanismos de desarrollo limpio, es decir las corporaciones transnacionales, principales contaminadoras de la atmósfera y otros bienes comunes, las instituciones financieras internacionales y los gobiernos cómplices de esta situación que ven en la crisis climática una salida a la crisis económica actual. El cabildeo hecho por estos actores, sumado a la posición de algunos países que pedían la oportunidad de contaminar para alcanzar su desarrollo -el caso de China es el mejor ejemplo- fueron un éxito rotundo en las negociaciones de esta reunión, claro este éxito se mantuvo a puertas cerradas y los medios solo hablaron del fracaso en las negociaciones y de la postura de los países del sur global liderados por el gobierno boliviano en la reunión oficial y por miles de manifestantes en las calles de Copenague donde la discusión no fue solo a la crisis climática, sino a la crisis de sistema y hasta la crisis civilizatoria. Copenague se puede resumir en dos frases: la frase emblemática de los manifestantes en las calles Cambiemos el sistema no el clima y la política de los gobiernos de a mayor emisiones en el sur global y menor emisiones en el norte, mayores las ganancias para el mercado.

No es un secreto para nadie que el gobierno mexicano ha insistido en la creación de los fondos verdes y en la búsqueda de inversiones para en palabras de ellos darle pelea al cambio climático. Esto lo ha dejado claro tanto en la COP15 como en reuniones previas y posteriores a Copenague. Con esto en mente la ONU ha designado a México con la nada envidiable tarea de ser los organizadores de la conferencia de las partes numero 16 (COP16), reunión estratégica para llegar a un acuerdo comercial en materia de cambio climático. No obstante México no tiene la tarea fácil, pues no solo las Instituciones Financieras Internacionales (IFIs) y las corporaciones transnacionales se están organizando y afinando sus estrategias (cap and trade, REDD, agrocombustibles, MDL, etc,, etc.) sino que desde el sur global o mejor dicho gran parte de la sociedad civil organizada y sensible a la crisis climática, que ve que el aumento del calentamiento global ha ido a la par de la imposición del modelo neoliberal ha comenzado a organizarse, tal vez no con la fuerza que debería, con muchas criticas, la gran mayoría justificadas, pero la Cumbre Climática de los Pueblos es la primera llamada de alerta a la Organización de las Naciones Unidad (ONU) y las partes firmantes del Protocolo de Kyoto de que la próxima reunión a celebrarse en Cancún, México es definitiva en llegar acuerdo beneficios para el planeta y los seres humanos.

Es muy fácil caer en la complacencia o en lo que se puede avanzar políticamente hablando, pero el tiempo sigue su marcha y los cambios en el clima cada día son mas perceptibles dejando a su paso un gran costo social y ambiental para el planeta y sus habitantes y es aquí donde radica el mayor reto de la COP16. En el tipo de acuerdo al que los gobiernos sean capaces de llegar, que sin especular mucho y solo apegándonos a la historia, el acuerdo que se buscara aumentara la deuda climática de los países del norte con el sur global. Esto lo hemos visto en las reuniones previa a la cumbre de Cancún y a declaración de algunos gobiernos que ven en el mercado de carbono la solución al problema climático Incluidos en esto a los gobiernos mas liberales o llamados de izquierda como el caso de Ecuador, Venezuela y la misma Bolivia que basan su desarrollo en la extracción de recursos naturales y el aumento de la deuda ecológica para con toda la población de seres vivos del planeta. Desarrollo insustentable e insostenible por cualquier lado que se vea y no muy diferente al desarrollo de los gobiernos de derecha neoliberal. Esta situación no arroja esperanzas alentadoras de una disminución en las emisiones de gases efecto invernadero (GEI) a la atmósfera, mucho menos nos lleva a pensar en las justas reparaciones de los afectados por esta deuda climática o en medidas de adaptación basados en la conservación de ecosistemas a todas luces la mejor solución para la supervivencia de la especie humana y la preservación de muchas otras especies que se encuentran en este momento en peligro de extinción junto con todo su hábitat.

El cambio climático se ha convertido en un excelente negocio del cual apenas se esta explotando por los interesados en continuar con la tendencia actual de explotación de los bienes comunes del planeta. Un negocio que avanza y crece en cada una de las conferencias de las partes, reuniones que hasta el día de hoy han servido mas para afinar los detalles del mercado de carbono y los llamados fondos verdes que para alcanzar acuerdos reales y medibles de reducción de emisiones.

A punto de vencerse el plazo de acción del Protocolo de Kyoto no se ve una disminución en los GEI arrojados a la atmósfera, sin embargo la privatización de los océanos y la misma atmósfera, bienes que nos pertenecen a todos los seres vivos que habitamos la tierra es cada día mas evidente. Una privatización dicho sea de paso organizada por la ONU y hecha por los principales contaminadores no solo del aire, sino de todos los bienes comunes y estratégicos para el bien vivir de las personas, sufriendo esto las poblaciones mas vulnerables, las cuales como ya lo hemos visto antes son acreedoras de una gran deuda ecológica y climática con los responsables directos de esta crisis climática y ambiental.

En Cancún a fines del 2010 existen dos retos a vencer, dos retos que tienen la característica de contraponerse uno con el otro. Por un lado tantos las IFIs, transnacionales y gobiernos del norte global con la complicidad de los gobiernos del sur global necesitan llegar a un acuerdo que permita disfrazar de verde sus practicas extractoras para continuar contaminando mientras pagan ese derecho convirtiendo a los recursos naturales en mercancía que puede ser vendida en las bolsas de valores globales. Por el otro lado están los miles de seres humanos hartos de la inequidad del modelo de desarrollo que aumenta día con día la enorme deuda social y ecológica, tienen en sus manos la oportunidad de quebrar este modelo que ya muestra muchas fisuras. Es muy arriesgado pensar que en Cancún el sistema se desmoronara, pero no es nada arriesgado asegurar que es la oportunidad ideal de dejar una huella mucho mas profunda de la crisis que vive este sistema. Sin embargo apostar todo por Cancún es ingenuo, esto debe ser el final y el comienzo de una batalla por la supervivencia de muchas especies de animales, plantas y demás seres vivos donde podemos incluir a los seres humanos. La COP16 es la oportunidad ideal para mostrar que no solo no queremos su sistema, sino que estamos trabajando día con día para llegar a un sistema mucho mas justo y sensible para con todos. Este reto es mayor al que tienen en sus manos los gobiernos y las empresas que hacen lobby en nombre de los culpables de la situación actual, pero el fracaso de uno sera el éxito del otro, nos toca a nosotros apostar por convertir la crisis climática en el fracaso del sistema.

Copenague fue la primera movida del modelo extractor. Cochabamba fue la respuesta. En Cancún se juega el todo por el todo.

Julio 2010

La transferencia de tecnologías: Garantizando un mejor mundo para todos

"No podemos resolver los problemas usando el mismo tipo de pensamiento que usamos para crearlas"
– Albert Einstein

Uno de los debates mas polémicos dentro de las organizaciones, centros de investigación, gobiernos y todos aquellos que están buscando una salida a la crisis climática actual, tiene que ver por un lado en lo que entendemos por medidas de mitigación y por medidas de adaptación al calentamiento global, así mismo en cuales son las acciones que se deben de tomar en estos dos mecanismos.

Por un lado las medidas de mitigación tienen un carácter global, pues al ser estas medidas de reducción de Gases Efecto Invernadero (GEI) su cuantificación, solo puede presentarse como la suma de un todo a nivel global; por otro lado las medidas de adaptación por su misma naturaleza solo pueden ser locales y con una profunda participación de todos los actores involucrados. Sin perder de vista que estas tienen que ser pautas para el mejoramiento de la comunidad involucrada. Es importante aclarar que toda medida de adaptación al Cambio Climático es por si sola una reducción de emisiones de GEI, convirtiéndola al mismo tiempo en una medida de mitigación

La discusión sobre las acciones contra la crisis climática se ha centrado mucho en dos factores importantes por si solos. Por un lado esta el factor económico, que busca en términos de compra-venta de servicios ambientales como son los Mercados de Carbono y sus mecanismos. Ya sea el programa de Reducción de Emisiones por la Degradación y Deforestación (REDD) los Mecanismos de Desarrollo Limpio (MDL) el Cap and Trade, entre otros mitigar los impactos climáticos. Y por el otro la transferencia de tecnologías.

Para efectos de este articulo nos centraremos en este ultimo factor. Si bien es cierto que cuando pensamos en tecnología, casi siempre pensamos en los nuevos aparatos eléctricos, como puede ser los nuevos celulares, con muchas aplicaciones y funciones, televisores mas grandes y de mejor calidad en la imagen, en fin en tecnología que desde nuestro imaginario social nos hacen la vida mas confortable. Pero cuando hablamos de tecnología, especialmente cuando nos referimos a la crisis climática, tanto la tecnología como la transferencia de la misma, nos referimos a mecanismos que reduzcan el impacto antropogenico en las emisiones de GEI, pero que también vayan ligados a las reparaciones de las deuda climáticas para con las poblaciones humanas y los ecosistemas afectados. Es decir, esta tecnología no solo debe ser ambientalmente responsable, sino garantizar un mejoramiento en la calidad de vida de los seres humanos.

Cuando hablamos de transferencia de tecnologías no necesariamente nos referimos a la transferencia de tecnología de un país a otro o de una región a otra, mucho menos de importar o exportar tecnología obsoleta que, en corto plazo, impacta mas que la actual. La transferencia tecnológica es utilizar los conocimientos adquiridos con el tiempo (esto puede ser de manera empírica o científica) y aplicarlos a las herramientas actuales. Esto solo se puede lograr, si avanzamos en términos de derecho de propiedad intelectual, con licencias mas permisivas como el Creative Commons, el Copyleft e incluso de dominio público y promoviendo desde los acuerdos internacionales entre gobiernos los recursos económicos para llevar a cabo esta transición tecnológica

No es justo decir que esta transferencia tecnológica no es ya una realidad. Existen muchos ejemplos de implementaciones tecnológicas que de cierta forma no solo son medidas de mitigación, sino son acciones de adaptación, que sirven para mejor la calidad de vida de las personas a la par de sanear ecosistemas y ayudar en la conservación de los mismos. Podemos mencionar los planes de Basura Cero, que no solo proponen políticas públicas de reducción de basura a nivel municipal, sino que con ayuda de los recicladores informales disminuyen el porcentaje del uso de los rellenos sanitarios. Logrando no solo un ahorro económico para el municipio sino también disminuyendo los gases que los rellenos emiten a la atmósfera. Mejor aun a nivel familiar y/o personal, el separar la basura, el reciclaje y la compost disminuyen a tal grado la huella de carbono personal, que la utilización del automóvil familiar reduce a cero sus emisiones, claro ejemplo de transferencia de tecnología en las emisiones de GEI antropogenico que si a la par se deja de usar el automóvil la ganancia en términos ambientales es mucho mayor. Si sumamos a esta forma de manejo de los residuos que se basa en una cadena de producción cíclica contra la actual que es una cadena de producción lineal, evitamos incinerar los residuos y con esto ayudamos a mitigar las emisiones de GEI a la par que la comunidad obtiene un beneficio económico y social. La construcción de casa, especialmente en las comunidades urbanas, es la utilización de técnicas de construcción basadas primero en el conocimiento climatológico de la región, segundo en técnicas ancestrales de construcción adaptadas a los nuevos conocimientos y tercero con planes urbanos ambientales y sociales correctos se minimizan los impactos climáticos locales. El uso del agua, específicamente de las cuencas hidrográficas, es vital en una transición tecnológica Teniendo en cuenta la crisis hídrica actual y el como los pueblos originarios se relacionaban con sus cuencas, tanto la captación del agua, el aprovechamiento de las caídas naturales de los ríos para la producción de energía, la reforestación de las zonas riparias son vitales para tener agua para la gente y para un ecosistema sano. En términos de los cambios de la matriz energética es donde se tienen mas ejemplos de transferencias tecnológicas, pues a nivel global tanto centros de investigación como universidades han trabajado el tema por mucho tiempo, es por eso que tanto los paneles solares, los eólicos, la energía mareo motriz son característicos de la búsqueda de energía limpia, sin embargo no todos estos conocimientos están al alcance de las comunidades y solo quedan como ejemplos de lo que se podría hacer y apoyar desde los gobiernos y las instituciones internacionales -llaménse ONU, OEA- La agricultura artesanal y sobretodo el consumo local antepuesto al consumo global son muestras de que se puede producir lo necesario. Una vez mas una cadena cíclica de producción ante una cadena lineal. Un concepto básico de como la tecnología debe ir hacia el cierre del círculo productivo y no a la formación de escalones.

Es importante voltear a ver la tecnología como un aliado ante las problemáticas actuales, sin embargo esto no es posible desde políticas de privatización de los conocimientos y sus resultados. Debe ser responsabilidad de los gobiernos, los centros de investigación y universidades que el conocimiento que se genere sirva a un bien común, a la larga el beneficio sera para todos y no para unos cuantos.

Referencias:
Deffis Caso, Armando (1989). La Basura es la solución. México DF: Editorial Concepto
Lohmann, Larry (2006). Carbon Traiding: a critical conversation on climate change, privatisation and power. London, UK: The Corner House.
Poltermann, Olga. Drossou Olga (2005). La protección de los comunes, la invención del dominio publico. En ¿Un mundo patentado? La privatización de la vida y el conocimiento. De Fundación Heinrich Boll. San Salvador. Fundación Heinrich Boll.
Rising Tide Northamerica (2010) Soluciones genuinas para mitigar el clima. En Engañados por el invernadero: Falsas soluciones para el cambio climático. Michigan: Rising Tide Northamerica, Carbon Trade Watch.
Donoso Game, Aurora (2008) De deudores a acreedores. En Territorios y recursos naturales: El saqueo del buen vivir.

Quito. Broederlijk Delen. *Agencia Latinoamericana de Información.*

Tangri, Neil (2010) *Respeto a los recicladores.* Santiago. *Alianza Global para Alternativas a la Incineración, WIEGO.*

Gilbertos, Tamra. Reyes, Oscar (2008) *Mercado de Emisiones.* La Paz. *Carbon Trade Watch*

Bergkamp, G., Orlando, B. and Burton, I. (2003). *Change. Adaptation of Water*

 Management to Climate Change. IUCN, Gland, Switzerland and Cambridge, UK

Noviembre del 2010

Comercio justo o alimentación elitista

En el 2007 participe en un taller sobre el etiquetado de alimentos y como saber leerlos para saber si lo que estamos comiendo tiene transgénicos o no. Un buen taller impartido por una de las personas que más tiempo tiene trabajando el tema de la educación sobre transgénicos. Una vez terminada la sesión, se dio la discusión sobre el poder de los consumidores. La tallerista hablaba de que los consumidores en base del boicot podemos obligar a la industria alimentaría a dejar de utilizar transgénicos, estoy de acuerdo con ella. Si dejamos de comprar productos que ponen en peligro nuestra salud, nuestro medio ambiente y nuestra soberanía, estaremos obligando que las cosas cambien un poco. El boicot es la principal arma de los consumidores para asegurarnos una mejor calidad de vida. También entre la discusión salio a la luz el tema del precio de los alimentos orgánicos y lo inalcanzable que son estos para la mayoría de la población mexicana que pertenece a la clase baja o incluso viven en extrema pobreza, la tallerista menciono que lo que se paga por los alimentos orgánicos, es lo justo, que debemos acostumbrarnos a pagar mas por nuestros alimentos y así no solo permitir que el comercio justo comience a repuntar, sino que estamos cuidando nuestra salud. Vale también estoy de acuerdo con ella, de hecho estoy de acuerdo con el propósito del comercio justo y su filosofía, me sumo a la lucha que apoya a los productores antes que a las empresas distribuidoras y las corporaciones que explotan a los campesinos. Lo que no puedo pasar por alto es que el comercio justo en la etapa en la que se encuentra es una practica elitista que va enfocada a la clase media alta y no hacia la mayoría de la población mundial que tiene que vivir con menos de 5 dólares al día y eso si les va bien. El comercio justo que tanto promueven algunos artistas que ganan millones de dólares con sus producciones y que ven en su fama una manera de cambiar al mundo va dirigido en apoyar a los campesinos explotados por las corporaciones, no niego su compromiso, solo me parece que no es el adecuado.

La filosofía del comercio justo esta estancada en el sistema económico desde donde nació y necesita ir más allá del apoyo a los campesinos y/o productores, sino que debe de ser una critica al modelo económico de la oferta y la demanda. Si queremos que el comercio justo crezca y sea una alternativa real al modelo económico actual, este debe de dar un giro hacia la búsqueda de un nuevo modelo económico, donde la filosofía del comercio justo involucre o se preocupe no solo por los productores sino también por los consumidores que al fin y al cabo somos todos. El comercio justo debe buscar desde su propia concepción una relación estrecha entre las actividades humanas y la justicia en todos los sentidos que esta debe de existir –social, económica y ambiental – sino podemos estar viendo a el comercio justo como una nueva forma de dividir a los seres humanos, entre los que son capaces de una alimentación sana y sin participar en la explotación del medio ambiente y los seres humanos y los que nos quedamos fuera de la jugada, los que seguimos siendo las ratas de laboratorio para las corporaciones y los gobiernos. Si el comercio justo sigue trazando la línea de clases socialmente y ambientalmente responsables y la clase baja sin opciones, estamos condenando una buena iniciativa al fracaso. Apropiarnos de la filosofía y darle un carácter de verdadero compromiso social, ambiental, debe de ser el compromiso de los siguientes años.

Este 2008 se abrieron las fronteras para la importación de granos entre los países participantes del TLCAN, una medida que solo beneficia a los grandes agricultores de los Estados Unidos, pero que perjudica sobre manera al campo mexicano. La Vía Campesina y algunas otras organizaciones campesinas en México han comenzado las acciones de presión para que este capitulo entre a renegociarse o de plano en beneficio de la soberanía alimentaría se borre del TLCAN. Si sumamos a esta nueva acción contra el campo mexicano, las propuesta de cambiar la ley de bioseguridad para darle apertura a los organismos genéticamente modificados, estamos ante una situación que merece de no solo de toda nuestra atención, sino nuestras acciones a favor de nuestra salud, de la tierra y de nuestra propia soberanía alimentaría.

Febrero del 2011

*Desde finales del 2012 a la fecha la presión para no permitir la entrada de transgénicos al país ha ido creciendo así como el cabildeo de las grandes corporaciones para lograrlo. La resistencia continua.

De radios comunitarias y movimientos sociales

Mas allá de la pregunta en torno a Radio Bemba y lo que representa en la comunidad de Hermosillo, así como si se legitima o no como una radio comunitaria, existen ciertos factores que no se pueden pasar por alto y de obligación natural para la discusión sobre una radio, medio o de ciertos personajes. Esto se engloba fácilmente en las distintas percepciones de un medio de comunicación su papel en los movimientos sociales y/o como parte de un cambio social, así mismo en el involucramiento dentro de dichos movimientos, no solo como acompañamiento o "dándoles voz" sino en la construcción diaria de dicho cambio social mas allá de la cabina o la transmisión de ciertos momentos de resistencia o lucha confrontativa.

Si nos quedamos con la idea inicial de que una radio comunitaria, solo tiene como objetivo cubrir ciertos temas (ejes temáticos) desde una perspectiva de medio de comunicación tradicional llámese publico y/o privado con la única diferencia importante pero no fundamental de cumplir con los conceptos mininos de libertad de expresión, entonces tenemos una idea limitada de lo que es o puede ser una radio comunitaria y su papel como educadora popular, informadora para la acción y la construcción de puentes de lucha y resistencia.

Para poder explicar un poco mejor a lo que me refiero hablare de tres ejemplos concretos, el primero que aunque no nace como radio sino como medio escrito vía Internet fue fundamental en su momento para difundir determinadas luchas en determinados momentos.

En las revueltas de Seattle a fines del siglo pasado, algunos techies, expertos en programación viendo la necesidad de romper los cercos mediáticos crean un software donde todos podían subir información de lo que pasaba en las revueltas contra la OMC, el software llamado SF Active fue puesto en Internet creando IndyMedia (Independet Media) Sitio que fue vital para el éxito de las movilizaciones.

Con el paso del tiempo y aun con el objetivo de seguir cubriendo solo movilizaciones, el objetivo inicial se fue perdiendo y aun no encuentra la ruta, sin embargo su objetivo de servir como puente informativo entre las movilizaciones, los activistas en Seattle y los que no se encontraban en ese lugar fue vital para el éxito de la caída de la cumbre de la OMC que para algunos fue el bautizo de fuego para un movimiento incipiente que a la larga fue llamado altermundista. IndyMedia es-era un medio que servía a los movimientos en determinadas ocasiones, en algunos casos sigue teniendo ese objetivo, en otros ya se perdió.

En la misma década con el estallido de la ultima gran huelga y movilización en la UNAM surge a iniciativa de un grupo de estudiantes La Kehuelga Radio, proyecto que nace a la mas pura tradición de las radios barriales de mediados de los sesentas donde se transmitía por bocinas para el barrio, haciendo mas llevadera la vida y el día para muchas personas, La Kehuelga fue fundamental para transmitir y organizar numerosas actividades del Consejo General de Huelga. Con el tiempo paso a transmitir por Internet, algo en que se mantiene y de vez en cuando por ondas hertzianas, de forma ilegal pero reclamando su derecho a la libertad de expresión.[1]

La Kehuelga al paso de los años ha mantenido su idea principal de que la comunicación en vital para los movimientos y que esta es de los movimientos, es decir producir los medios para comunicar e informar sin esperar que alguien mas lo haga por ellos.[2]

Para terminar a principios de siglo Oaxaca se convirtió en ejemplo de lucha y movilización, muchos colectivos y movimientos a lo largo del Estado crearon sus propias radios, Jalapa del Marquez y su lucha contra la presa tiene a su radio arco iris y surge La Andariega Radio, una radio que mas que un medio es un fin para que los movimientos a lo largo del Oaxaca y del país construyan sus propios medios, yendo a las zonas de conflicto y apoyando la creación de nuevas radios (con apoyo técnico y de recursos) siempre y cuando los movimientos lo crean conveniente, sin imponer y sin acompañar sino creando en conjunto.

Estos son ejemplos de como hacer otra radio comunitaria que si bien no son los únicos y tienen sus bemoles, sus pros y contras, son eso, un ejemplo de como no puede haber radio comunitaria, sin un movimiento social que la respalde y produzca. No se puede ser un eslogan vacío o desde una visión asistencial dar voz o acompañar a los movimientos, luchas y resistencias, de ser así solo se queda en una "buena intención onegeista" que no aporta mucho al cambio social.

Cuando se menciona lineas arriba que existen muchas formas de ver una radio y/o un medio de comunicación comunitario, ciudadano, alternativo o como se quiera llamar, se menciona porque esto va de la mano de lo que se quiere en realidad, existen grupos que solo van por el reformismo que buscan ser permisionados y cumplir con lo que piden las regulaciones gubernamentales, incluso permiten acceder a recursos públicos, tema para otro debate, que no veo el punto aquí de llevarlo a cabo al no reconocer una radio permisionada privada como una radio comunitaria, hasta aquellos que pensamos que las ondas hertzianas son un bien común que no debe de estar permisionado a lo mucho ordenado y al cual podemos acceder todos, desde el barrio, el pueblo, donde exista la necesidad real de crear una voz. Una arma de dos filos dirán muchos, pero una necesidad de todos y todas para garantizar que las resistencias, los movimientos, no dependan de que alguien mas les de voz, sino de construir la propia.

Es difícil plantearse una pregunta sobre si tal o cual medio es comunitario, mucho mas difícil dar con la respuesta pues no existe una sola, depende de las distintas visiones y acciones de los y las involucradas. Siendo parte de una generación que creció produciendo fanzines, discos, con una verdadera cultura del Do It Yourself (hazlo tu mismo) donde el zapatismo y las revueltas de Seattle nos hicieron soñar que un medio y un fin son el mismo objetivo: imaginar y construir esos mundos posibles, me es imposible pensar en un medio comunitario que no pertenece a la comunidad que no es parte de la construcción diaria de esos mundos posibles.

Cuando existe la necesidad por los motivos que sean de preguntar ¿es comunitario? Desde la construcción de un cambio social, la respuesta inmediata es NO, solo se es un medio mas, claro puede ser alternativo y servir como medio de información, pero no como parte fundamental de la educación popular y la lucha cotidiana de ese cambio social.

La autonomía y la autogestión son parte de la lucha y esto no es posible sin la comunidad, no se puede pensar en participar en un cambio social cuando tus formas de subsistir vienen directamente de tus enemigos naturales, es decir el poder, demasiados paseos con el diablo terminan por llevarte al infierno.

Junio 2011
*Ponencia presentada en el foro sobre radios comunitarias en Hermosillo, Sonora

Agricultura antisistema

Algunos antropólogos radicales, simpatizantes de la rama o corriente anarquista conocida como primitivismo mencionan que la crisis que vivimos actualmente no es solo una crisis de modelo económico o de sistema de gobierno, sino va mas allá: es una crisis civilizatoria y la raíz de esta es mucho mas profunda que la que mencionan los académicos e investigadores sobre el tema. Esta crisis tiene su origen en la evolución social que dimos los homínidos al pasar de recolectores-cazadores a establecernos en un territorio y comenzar a practicar la agricultura como forma de vida predominante, acción clara de un cambio en la relación con los ecosistemas los cuales comenzaron a ser modificados para un beneficio unilateral, creando un impacto en el equilibrio ecológico donde se asientan las comunidades humanas.

La agricultura también propicio un cambio en las relaciones entre los humanos que con el paso del tiempo genero en relaciones de poder dentro de las comunidades, con jerarquías impuestas con violencia y miedo. Lo mismo paso con las relaciones con otras comunidades, pasando a ser una relación mucho mas agresiva e invasiva.

Esta tesis aunque con muchos fundamentos serios, basados en estudios antropológicos, arqueológicos e históricos, no deja de ser una teoría, sin embargo no esta tan alejada de la realidad, pues de cierta forma la agricultura y los asentamientos humanos, nos han permitido el desarrollo tecnológico que si bien a una clase social le brinda confort y bienestar a la mayoría solo la he brindado opresión, carencias sin ningún beneficio y todo el costo social, económico y ecológico de esta crisis civilizatoria.

Ahora bien, es ilógico plantear un panorama de involución social donde regresemos a pequeñas comunidades de recolectores-cazadores viviendo en una total y plena armonía con el planeta, pensar esto es un sin sentido. El quiebre de la crisis civilizatoria actual nos lleva a buscar otras formas de organización y es muy claro que no es el primitivismo per se el que nos ayudara, pero tampoco el reformar el sistema actual es la solución, esto solo nos lleva a continuar con una idea basada en relaciones de poder que permite que los costos sociales y ambientales de lo que se conoce como desarrollo y progreso sea pagado por la gran mayoría, mientras que una minoría disfruta los beneficios, creando una barrera enorme entre la búsqueda de una equidad entre los seres humanos y entre los ecosistemas que habitamos.

La búsqueda de estas alternativas, desde un enfoque ecosistemico y antisistemico en términos sociológicos y económicos son de cierta medida parte de la solución para la situación actual y siguiendo con el ejemplo de la agricultura como una de las aristas en esta crisis civilizatoria, ya que esta presente en todos los ecosistemas, es responsable del desequilibrio ecológico actual, responsable del 15% de las emisiones de gases de efecto invernadero (en términos netos) y del 80% de la economía actual, hablando de la agricultura predominante que es mayoritariamente industrial, de monocultivo, utilizando toneladas de agrotoxicos que contaminan la tierra, las cuencas y los océanos, que mantienen el control de la soberanía alimentaria entre los países y las corporaciones y que las nuevas tecnologías a pesar del discurso de responsabilidad social, no son sino acciones de privatizar las semillas e ir apoderándose de las soberanías alimentarias de los países, sin embargo si entendemos esto y observamos a la pequeña pero aun en resistencia y cada día tomando mas fuerza como lo es la agricultura tradicional, familiar y/o artesanal, no es difícil entender que una de las tantas soluciones a implementar esta precisamente ahí, en el regreso a la agricultura tradicional, en lo que la Vía Campesina llama: "La solución al cambio climático" Lo que en otras palabras significa un decrecimiento en las zonas de cultivo, reconversión de cultivos tomando en cuenta los ecosistemas y el impacto de la agricultura en ellos, la desaparición de la agricultura industrial y todo el proceso que esta que va desde la compra de la semilla y los agrotoxicos, la siembra agresiva y la distribución de los mismos a kilómetros de la zona donde se cultiva y promover la agricultura familiar, tradicional, sumando a la producción local como la base de la alimentación de las comunidades daría como resultado por un lado una recuperación y/o restauración ecológica de los ecosistemas, un crecimiento económico y un desarrollo local, mas allá de lo global y por supuesto la reducción de emisiones y el calentamiento del planeta, que si bien en estos momentos no ayudaría a revertir la problemática del calentamiento global y el cambio climático, si ayuda a los procesos globales de mitigación y los locales de adaptación

Somos seis mil millones de seres humanos de habitantes, los cuales todos tenemos derecho básicos de alimentación, agua , en pocas palabras de una vida digna y esto no puede ser a base de la explotación de los seres vivos o de los ecosistemas, sino en un equilibrio conjunto. El decrecimiento es una buena idea, no solo en la agricultura, sino en todas nuestras practicas en general, ni el consumo como lo llevamos o la relación entre seres humanos y la naturaleza tal cual se presenta ahora sin una opción si queremos sobrevivir la crisis actual.

Existen cantidad de ejemplos de proyectos agroecologicos que no van en dirección de la moda de lo orgánico -tema para otro texto- sino en el rescate de la agricultura tradicional, estos proyectos pocas veces se venden como ambientalmente responsables, pero su aportación directa a la restauración de los ecosistemas con un cultivo sin agrotoxicos, sin ser monocultivo, permitiendo a la tierra su recuperación de nutrientes, con un conocimiento adecuado de los recursos hídricos y manteniendo a la cuenca en un equilibrio correcto, mas allá de un almacén de agua, siendo el principal factor de equilibrio de los ecosistemas y por lo tanto de los asentamientos humanos, es invaluable ante la crisis ambiental y por lo tanto de la crisis climática, la social y económica son mas profundas y tienen que ver con la relación de poder que existen entre seres humanos actualmente.

Si bien la agricultura tradicional ayuda a mitigar los impactos de la crisis ambiental actual -incluida la climática- no podemos pensar que una reconversión del sistema agrícola es la solución, mucho menos si este sigue insertado en el sistema actual de explotación y extracción de recursos naturales estratégicos y de la cultura del usar y desechar, si bien cambiar el modelo agrícola forma parte de un cambio sistémico, este debe ser de fondo y en general, no solo uno de todos los factores.

Octubre 2011

Don Raul y la basura

Don Raúl a sus casi sesenta años ha trabajado en todo lo que ha podido -citando sus propias palabras- desde policía en su juventud hasta albañil, soldador y velador, donde fue despedido por la crisis inmobiliaria que se vive actualmente, esa fue la excusa de su patrón, aunque el no la entiende al ver que siguen construyendo mas y mas fraccionamientos, muchos de ellos están vacíos y no parece que se vayan a habitar pronto. Hoy en día Don Raúl trabaja en el primer escalón del servicio de basura de la Ciudad; como muchos otros que arrojados por la falta de empleo recorren los barrios de clase media, alta, separando el cartón, plástico, aluminio y todo aquel material que esta en los contenedores de basura que aun tiene un valor comercial.

Hermosillo produce en promedio 560 toneladas de basura al día, eso es un promedio de un kilo aproximadamente por persona, de esta cantidad diez toneladas terminan en las calles, las demás van el relleno sanitario, el cual ya esta en mas de la mitad de su capacidad. La administración actual puso en marcha un programa de separación de basura; dicho programa consistía en asignar días de recolección de basura dependiendo el tipo de residuos (orgánicos, inorgánicos...) sin embargo, previamente solo se hicieron un par de anuncios vía radio y televisión, sin antes trabajar con la población en temas de educación sobre la separación de la basura y la importancia de la misma.

Mientras intentamos separar los desechos de comida, mucha de ella en mal estado de los residuos que aun tienen un valor comercial, Don Raúl me platica lo que piensa de este programa. Para el es una buena idea, pero así se quedaría sin trabajo pues si los "tirabichis" van a pasar por el material ya limpio y en bolsas pues nada va quedar para ellos, seria mejor, dice Don Raúl, "que la gente separara la basura y no tener que andar nosotros en los contenedores buscando lo que nos sirve para vender, muchas veces encontramos cartón que ya no sirve porque se mojo con sobras de refresco o cerveza o con comida podrida y así no se puede vender o te pagan muy poco por el. La gente debería de entender que esto lo hacemos por que no tenemos otra forma de llevar comida a nuestras casas. Separar la basura seria mejor, así nos sirve a nosotros y a todos".

Existen en la ciudad una gran cantidad de empresas que se dedican a comprar los residuos reciclables, desde cartón hasta aluminio, sin embargo el municipio nunca ha contemplado una planta municipal desde donde se pueda hacer el reciclaje mas allá de los rellenos sanitarios. Hace un par de años se licito una planta de reciclaje, pero la falta de transparencia, la movilización ciudadana ante el temor de afectaciones a su salud y el manejo de la empresa que gano la licitación esta continua en espera de poder funcionar y la basura sigue yendo al relleno sanitario donde otras personas en condiciones muy precarias y de riesgo sanitario alto continúan con la separación, el reciclaje y la venta de algunos residuos.

El frío en las madrugadas de invierno mantiene las calles vacías, son las cinco de la mañana, Don Raúl y yo compartimos una taza de café caliente mientras continuamos con la separación de la basura, me platica que todos los día sale a las cuatro de la mañana para poder llegar antes que sus compañeros, ya que acá es una competencia por los desechos, para el esta practica no es tan buena, piensa que si lo hicieran juntos tal vez podrían juntar mas y pues mientras mas juntas mas dinero te dan. Este es el principal problema, pero lo que realmente es doloroso es la satanización de los vecinos, en dos semanas compartiendo el café y el trabajo he visto llegar al contenedor a muchos de mis vecinos, para ellos somos invisibles, no hablan solo dejan sus bolsas con basura y se van, aun no se si me reconocen o no, para Don Raúl si lo hacen pues las vejaciones, insultos e incluso agresiones son de todos los días, amenazas de mandar a la policía es lo mínimo que ha sufrido, incluso mentiras de que dejan la basura tirada fuera del contenedor.

Existe una satanización que no termina con ellos se va hasta los habitantes del relleno sanitario, ellos no son visibilizados nunca a lo mucho como malvivientes drogadictos, pero sin reconocerles el enorme servicio que prestan a la ciudad. Para terminar con el maltrato; las empresas recicladoras y su usura los mantienen en jaque, siete kilos de cartón les deja 49 pesos, diez kilos de aluminio son 60 pesos, pero para juntar estas cantidades pueden durar toda la semana, así que con sacar algo para las tortillas al día basta. Mientras las empresas venden en promedio el kilo de cartón en diez pesos y el de aluminio en 15, la ganancia es enorme comparada con lo que pagan por ella. Don Raúl tiene muy claro, el no esta recolectando basura por que le guste, lo hace por una necesidad, pero sabe que haciendo lo que hace ayuda a que la basura sea menos, aunque el ni siquiera tira mucha basura, pues es poco lo que tiene y menos para tirar.

En la temporada decembrina se triplica la cantidad de basura diaria, tenemos tres kilos de basura por habitante, el frío quema los huesos, sentados en el piso a un lado del contenedor desayunando café con huevos y tortillas, Don Raúl a mi pregunta, me platica que piensa que debería de ser lo idóneo "Si la gente separara su basura y los carros recolectores se llevaran solo la basura de las comidas nosotros podríamos vender mas material que por las condiciones ahora no podemos vender, eso nos facilitaría la vida, aunque claro los "compas" del relleno no tendrían basura, pero creo que el gobierno debe de implementar programas de trabajo para esa gente o mejor aun, puede darnos trabajo a nosotros que somos mas pocos y que los del relleno se encarguen de la recolección como nosotros, que el gobierno les de bicicletas para hacer el recorrido".

En pocas palabras Don Raúl propone una Ley de Basura Cero, es tan lógico para el que la separación de la basura les da mayores oportunidades de reciclar mas residuos y así poder vender mas, sin embargo cuando he tenido la oportunidad de platicar con legisladores, funcionarios de gobierno, tomadores de decisiones sobre como una ley de Basura Cero que involucre a la comunidad acabaría con el problema de la basura, la respuesta siempre ha sido la misma: "la gente no tiene la educación ambiental para eso, no se puede trabajar con una ley así.."

El modelo del comprar-usar-tirar no es compatible con ideas de reciclaje, consumo responsable y justicia ambiental. citando a Don Raúl en una de tantas charlas que hemos tenido estos últimos meses. "mira a mi lo que me gustaría es que la gente comprendiera que lo que hacemos no es malo, sino todo lo contrario, ayudamos y si lo vieran así pues seria muy bueno para todos, el gobierno y la sociedad nos necesitan porque la basura sigue aquí y si no somos nosotros sera alguien mas. Entonces mientas haya basura estaremos nosotros, cuando se acabe la basura pues entonces sera otra historia y hasta es mejor para nosotros, porque eso puede significar que el país esta mejor que ahora."

Enero 2012

A 20 años de la cumbre de Río y la farsa de la economía verde

Este 2012 se celebran los 20 años de una de las reuniones globales mas importantes del siglo pasado, me refiero a la Cumbre de Río de Janeiro, celebrada en junio de 1992 y que de cierta forma marco o al menos intento marcar la pauta entre el desarrollo humano y las necesidades de la naturaleza. Si bien no fue en esta cumbre donde se acuño por primera vez el termino de Desarrollo Sustentable, si fue aquí donde cobro mas importancia logrando permear el discurso de muchos gobierno que vieron en la naturaleza una nueva oportunidad de hacer negocios, esta vez pintándose de verde, así nacen desde las Agendas 21, hasta el Protocolo de Kyoto, buenas ideas, mal implementadas.

La cumbre de Río también tuvo una importancia considerable en la organización comunitaria que mas allá del oficialismo y toda la parafernalia que hubo en la cumbre oficial, esta sirvió de base para que muchos movimientos, organizaciones, redes, alianzas tanto de base como sus acompañantes -las ONGs- lanzaran un llamado de alerta y una exigencia de equidad ante un sistema económico que comenzaba a insertarse en la macroeconomía global. En esta cumbre muchas voces que anteriormente no eran escuchadas comenzaron a tomar las calles para hacerse escuchar.

La Cumbre de Río pudo haber sido la base para la reconstrucción de las relaciones humanas y la naturaleza, una reconstrucción que pudo haber ido hacia un enfoque anti y ecosistemico. Lamentablemente no fue así, convirtiéndose en una oportunidad para los gobiernos, las Instituciones Financieras Internacionales y las corporaciones transnacionales de expandir sus mercados hacia los ecosistemas y los bienes comunes naturales, esto bajo el pretexto del Desarrollo Sustentable.

Si bien esta cumbre fue un parte aguas para lo que a la larga comenzó a llamarse Altermundismo y los voces de las comunidades mas vulnerables, de los movimientos sociales y ambientales comenzaran a tomar fuerza, la importancia de esta reunión global radica en muchos acuerdos e intentos por buscar alternativas donde el Desarrollo Sustentable pudiera ser una realidad. También fue la mesa desde donde las problemáticas socio ambientales como el calentamiento global, el desarrollo urbano desmedido entre otras comenzaran a tomarse en serio. Lamentablemente esto solo se quedo en buenas intenciones y falsas promesas pues desde el reformismo donde se propusieron, no eran lo suficientemente fuertes para contrarrestar un sistema que comenzaba a mostrar una cara extractiva, privatizadora, haciéndolas fracasar desde el principio, pero abriendo las ventanas de oportunidades para que el sistema mismo se hiciera de las herramientas necesaria para seguir expropiando y explotando a la naturaleza y las poblaciones mas vulnerables. No podemos negar que de la Cumbre de Río a la fecha, las luchas y resistencias locales que a la par se hicieron globales a favor de los bienes comunes han cobrado una fuerza histórica, que estas han dado grandes victorias; como tampoco se puede negar que el sistema neoliberal en estos últimos 20 años se ha reforzado, respaldando la privatización de los bienes comunes naturales, que ha dado como resultado la crisis generalizada que se vive actualmente.

A 20 años y envueltos en crisis económicas, ecológicas, sociales a la que muchos expertos catalogan como una crisis civilizatoria, que es lo que podemos esperar de esta nueva cumbre. Si hacemos un repaso de estos años y obviamos las crisis actuales. Este tiempo se caracteriza por ser las décadas en las que mas cumbres, reuniones, conferencias organizadas por la ONU o por otros organismos que agrupan países, donde el lobby de las corporaciones transnacionales y las IFIs presionan a los gobiernos para que en vez de buscar atacar las problemáticas por las que se reúnen se den las pautas para fortaleces un sistema que beneficiaba a solo el 1% de la población, mientras que el 99% vive en situaciones vulnerables frente a las distintas crisis que aquejan a la humanidad desde hace ya 20 años o mas. Este tiempo solo ha servido para acrecentar y evidenciar aun mas las inequidades, las injusticias, los atropellos de este 1% sobre el otro 99%, pero también han sido años en que el mismo sistema ha entrado en una crisis que día a día se vuelve insostenible, amenazando con llevarse al planeta por delante cuando llegue a su fin.

Esta nueva Cumbre, conmemorando la de Río de Janeiro en 1992, por mas que intentan pintarla de verde, incluyente, por mas que intente recuperar el sentimiento y las esperanzas de aquel entonces , de vendérnosla como la solución a la crisis llega en un momento histórico en que los gobiernos, las corporaciones transnacionales y las IFIs buscan desesperadamente seguir sobreviviendo y han encontrado en lo que ellos llaman la Economía Verde el suplente perfecto al fracaso en que se convirtió su idea de Desarrollo Sustentable; la Economía Verde es solo el nuevo nombre a una practica que el sistema ha venido llevando a cabo desde hace años, que es la explotación de los bienes comunes naturales, la privatización del territorio, el desplazamiento de comunidades, generando mas deuda ecológica que se suma a la deuda histórica que ya tienen los países del norte global para con el sur global.

Basta leer los documentos oficiales de esta nueva cumbre llamada Río+20 para comprender que si hace 20 años la concepción dentro de la cumbre oficial era desde el reformismo buscar herramientas y mecanismos que fueran directrices hacia la protección ambiental y el Desarrollo Sustentable (las agendas 21 son un ejemplo de esto), hoy es mucho mas cínico por parte de los gobiernos títeres y las corporaciones que los manejan, esta vez se ocultan en el sentir de hace dos décadas para pintarse de social y ambientalmente responsables, buscando solo como salvar al sistema de la crisis que vive actualmente, eso si desde una Economía Verde que solo beneficia a ese 1% tan criticado y atacado en los últimos años que la crisis ha llevado a la calle a tantos y tantas.

Río+20 se presenta como una nueva farsa del sistema y todos

sus cómplices, incluidas muchas de las grandes ONGs transnacionales que viven beneficiándose del discurso reformista desde la Cumbre de Río en 1992, intentándonos vender la panacea de la Economía Verde como hace 20 años nos vendieron el Desarrollo Sustentable. Esta economía es solo un intento mas de supervivencia ante una crisis y una indignación como nunca había vivido el sistema neoliberal, aunque este se disfrace de izquierda.

Febrero 2012

El SONORA SI no es solo el acueducto

Una de las características del actual gobierno del Estado de
Sonora, es la falta de estudios serios y la legalidad de sus
proyectos y obras de gobierno. Pasan por alto el mínimo de lo
que tienen que presentar, incluso falseando datos para tener una
legitimidad; solo presentan maquetas, eslogan y/o
presentaciones electrónicas que dicen poco y ocultan mucho.
La otra característica que ha sido fundamental en el proyecto
hidráulico Sonora Si, es la división mediática entre ya sea
regiones o grupos con cierto nivel de poder económico o de
convocatoria social.
El caso del Sonora Si es un ejemplo muy claro de que solo basta
poner en duda una parte del proyecto y llevarla a la discusión
estéril de su viabilidad, fomentando la división entre dos
regiones (norte y sur del estado) para poder llevar a cabo todos
los demás obras, incluidas la construcción de presas de
abastecimiento e hidroeléctricas, desaladora, plantas de
tratamiento de aguas residuales y el desarrollo inmobiliario en
algunas ciudades estratégicas, donde todas y cada una de estas
partes tienen impacto que ha mediano y largo plazo serán
desastrosos para el estado y su equilibrio ecológico
No se pueden obviar los impactos reales del acueducto y como
este puede ser el detonante de impactos a largo plazo para la
cuenca del Río Yaqui, sin embargo la falta de un manejo
adecuado y la ignorancia ante las nuevas problemáticas de la
crisis hídrica globales y las alternativas que se están impulsando
a nivel mundial, que no toman en cuenta los tomadores de
decisiones, pretendiendo continuar con una política hidráulica
tan vieja como obsoleta.
El acueducto como todo el Sonora SI no están a la altura de lo
que necesitamos para salir de esta crisis y si lleva al aumento de
la misma. De nuevo la falta de visión para una gestión de
cuencas y de aguas que sea integral con un enfoque

ecosistemico es lo que nos mantiene en el punto de quiebre de la crisis hídrica.

Sin embargo, esta división mediática, la lucha de un grupo de poder político y económico como son los agroindustriales de la región del Valle del Yaqui con el gobierno del estado ha permitido que muchas otras obras del mega proyecto ya estén aprobados, en algunos de ellos ya estén en la etapa de construcción. El caso de la presa en la ciudad de Alamos que ya ha sido aprobada y que curiosamente tienen una cercanía con la minera de la región o las plantas tratadoras de aguas residuales, que aunque necesarias van de la mano con el programa financiado por el Banco Interamericano de Desarrollo (BID) y la Comisión Nacional del Agua, llamado PROMAGUA un intento de ir privatización a los Organismos Operadores de Agua Potable o la misma desaladora que según el proyecto el objetivo es garantizar el agua para las ciudades de Guaymas y Empalme, pero que esta proyectada a construirse en la zona detonante turísticamente hablando como es San Carlos, Nuevo Guaymas, también deja mucho que pensar.

Pero mas allá de las especulaciones personales, que si bien es cierto están basadas en un profundo conocimiento en el manejo del agua y la historia de la sobre explotación de las cuencas, el mismo proyecto reconoce que el objetivo principal es garantizar el desarrollo económico del estado, sin importar nada el desarrollo humano, social y/o comunitario de los asentamientos urbanos involucrados en el proyecto, así como los ecosistemas afectados. El ejemplo mas claro de esta obviedad es la construcción de complejos urbanos asociados al acanalamiento de ciertos afluentes que impactaran a la cuenca del Río Yaqui mucho mas que el propio acueducto.

Inexplicablemente el Sonora SI no contempla grandes obras para la cuenca del Río Sonora o la subcuenca del Río Asunción o la región del Valle agrícola de San Luis Río Colorado, salvo la presa de Sinoquipe en la cuenca del Río Sonora, donde también se proyecta una nueva explotación minera, pero mas allá de esto nada, en zonas donde la sobre explotación de los acuíferos y de las mismas aguas superficiales son necesarias de carácter de urgencia planes de manejo integral de las cuencas incluida la restauración ecológica de los ecosistemas riparios. Un ejemplo mas de que este mega proyecto no busca alternativas a la crisis hídrica., sino seguir con el modelo actual de sobre explotación de los recursos naturales.

Este modelo de manejo de aguas para beneficio de ciertos grupos, no puede verse de manera independiente por cada uno de sus componentes, mucho menos pensar que algunas de sus partes nos necesarias, claro que necesitamos plantas tratadoras de aguas residuales y la tecnificación de riego en las regiones agrícolas, pero esta debe ser descentralizado y con la participación activa de las comunidades afectadas; pero cuando perdemos de vista todo el proyecto y los esfuerzos se centran en un solo componente, como es el caso del acueducto, corremos el riesgo de ignorar los demás impactos económicos, sociales y ecológicos de todo el proyecto sin poder recuperarnos de estos, aumentando con esto la ya de por si gran deuda social económica, histórica y ecológica que se tiene con las comunidades y los ecosistemas.

El acueducto no es todo el Sonora SI, este va mas allá y mientras nos vamos con la finta del juego político, las divisiones mediáticas, en las ilegalidades cometidas solo en el acueducto pasando por alto todas las demás ilegalidades (falta de Manifestaciones de Impacto Ambiental en las presas, concursos amañados en las plantas tratadoras, solo por mencionar dos de los muchos que ahí) sin ver los demás componentes del mega proyecto, estamos quedando en una posición muy vulnerable ante las proyecciones serias basadas en la mejor ciencia de la desertificación, la crisis hídrica. y la crisis climática que el Sonora SI pretende o quiere ignorar.

Es necesario que al momento de proyectar obras o planes gubernamentales, esto se haga desde un enfoque ecosistemico, reconociendo la importancia de las cuencas como un sistema natural de repartición de aguas y de equilibrio ecosistemico, que necesita funcionar a su propio ritmo, con sus propios mecanismos mas allá de los intereses económicos o de ciertos grupos.

No se pueden solucionar problemas añejos usando las mismas formulas que los ocasionaron, esto es mantenerse en un circulo que poco a poco se va agotando.

Las soluciones están ahí y estas no pueden ser de relumbrón, no de una administración, estas son de mediano y largo plazo, pero necesarias sin en verdad estamos interesados en encontrar un equilibrio justo entre las comunidades humanas, su derecho al buen vivir y los ecosistemas.

Alternativas como el mejoramiento de las redes de distribución de agua potable, la restauración ecológica de las cuencas, políticas publicas que no permitan la privatización de los recursos estratégicos son acciones que pueden ponerse en practica de forma muy fácil y con mejores resultados que los mega proyectos como el Sonora SI. En esto tenemos que ir mas allá del acueducto y centrar la discusión mucho mas amplia en todos los impactos que tendrá en el estado esta mega obra, no solo esta en peligro la cuenca del Río Yaqui, sino toda las cuencas del estado que ya están en un punto de quiebre y el Sonora SI solo lo aumentara.

Mayo 2012

Deuda ecológica y el SONORA SI

Para los movimientos ambientales alrededor del mundo la deuda ecológica es el resultado de la explotación de los recursos naturales del mundo por una minoría conformada por las economías más ricas del mundo, y que se contrae con aquellos países subdesarrollados, que sufren las consecuencias de la devastación ecológica y social, al igual que de la privatización de sus recursos estratégicos, para el beneficio de economías ajenas y de sistemas de consumo cada vez más insustentables.

Sin embargo, la devastación de la que son objetivo los países subdesarrollados, no pudiera llevarse a cabo sin la anuencia de las administraciones locales, que promueven esquemas de crecimiento y aumento de unidades económicas, a partir de políticas neoliberales que ponen a merced de las corporaciones y de los institutos financieros internacionales, la integridad ambiental y social de sus territorios. De esta forma han sido implementados proyectos que no corresponden a las necesidades locales, y que en sí, benefician a grupos tanto públicos, como privados obteniendo cuantiosas ganancias a partir de la explotación de los recursos locales.

Para ejemplificar este concepto, analizaremos la aplicación de un mega proyecto orientado al manejo del agua en el estado de Sonora desde la administración estatal, en principio la intención de dicho proyecto es asegurar la disponibilidad de agua para el consumo humano a largo plazo en la entidad. Sin embargo el conjunto de obras de infraestructura propuestas para implementación del proyecto, llamado SONORA SI, incluye infraestructuras que modificarán las dos principales cuencas hidrológicas del estado, la del Río Sonora y la del Río Yaqui. La propuesta del ejecutivo estatal incluye la construcción de tres nuevas presas, la reconversión de dos existentes, la construcción de una desaladora, la construcción de dos nuevas plantas de tratamiento de aguas negras y el trasvase de parte del afluente del Río Yaqui, fuera de los límites de la cuenca, para dotar de agua para uso doméstico, industrial y agrícola a la capital estatal.

Los mecanismos para el financiamiento del proyecto son la solicitud de créditos que aumentarán la deuda pública del estado, ya de por si alta debido a los programas de infraestructura que se tuvieron en la pasada administración estatal. Pero además se contempla la privatización en el manejo de las nuevas obras y administración del agua por la inclusión de concesionarios que de encargarán de ellas. Para la aplicación del concepto de deuda ecológica tenemos que, al modificar el curso y afluente de los dos principales ríos del estado, se estarán afectando a las comunidades que dependen de estos ecosistemas, para la realización de actividades productivas. Pero además el planteamiento no garantiza la disponibilidad de agua en el largo plazo para la entidad, por el contrario, modifica las zonas naturales de recarga de los acuíferos, desapareciendo las zonas riparias al captar el agua en presas. Caso ya visto en la cuenca baja del Río Sonora, cuando a mediados del siglo XX se construyó la presa Abelardo L. Rodríguez en la ciudad de Hermosillo, lo que eventualmente llevo a la desecación del acuífero subterráneo y de las aguas superficiales.

Por otra parte un proyecto que parte de un supuesto manejo y aprovechamiento sustentable del agua, debería considerar que una cuenca hidrológica, es mas que un canal de H2O, sino todo un sistema ecológico que funciona en relación a la estabilidad del mismo. Por lo que la integridad y sustentabilidad de una cuenca debe entonces cuidarse desde su nacimiento y sus afluentes, hasta su llegada al delta o a un cuerpo de agua mucho mayor. Por lo que cualquier proyecto o desajuste dentro del río mayor o sus afluentes trae consigo un desequilibrio en todo el ecosistema que representa, desde las zonas riparias hasta los humedales de los deltas. Esto desde una perspectiva ecosistemica convierte al SONORA SI en un generador de deuda ecológica en tres niveles. El primero se puede plantear desde el impacto que generara la construcción de tres nuevas presas y el acondicionamiento de otras dos, pues las presas disminuyen el flujo de los ríos hacia abajo y aumenta las zonas de material orgánico río arriba, contribuyendo a la perdida de biodiversidad tanto dentro del río como a su alrededor, esto trae consigo la perdida de fuentes de trabajo, cambios obligados o la migración forzada de asentamientos humanos, o en el peor de los casos inundaciones que también obligan a la migración. Otro impacto de las presas son el aumento de los Gases de Efecto Invernadero principalmente metano (veinte veces más agresivo que el dióxido de carbono) debido a la cantidad de material orgánico que se queda en el embalse como consecuencia de la presa, infraestructuras que según estudios de International Rivers son los responsables del doce por ciento de los Gases de Efecto Invernadero a nivel global,(International Rivers) acción directa hacia el calentamiento global que se traduce en el cambio climático actual y sus consecuencias globales y locales. Por si esto fuera poco la erosión en los suelos por los procesos de construcción, dejan un serio impacto en la zona contribuyendo a la desertificación. En resumen, la sumatoria de todos los procesos desde la construcción de la presa, hasta su funcionamiento son generadores de deuda ecológica

Cabe destacar que las presas tienen una vida útil de cincuenta años (la mayoría de las presas en México ya ha pasado su vida útil y el mantenimiento no siempre es el adecuado para mantenerlas en buen estado) después su funcionamiento es deficiente, sin embargo resulta mucho más caro quitar una presa que construirla, así que es mejor mantenerlas funcionando mal que quitarlas.

Las presas del SONORA SI están proyectadas en dos cuencas que históricamente han sido el bastión económico del estado, las cuales ya presentan un alto deterioro ambiental y un serio problema de abastecimiento de mantos acuíferos (Río Sonora) o contaminación por agrotoxicos (Río Yaqui) esto incluye a sus deltas, tan impactados ya que la crisis pesquera y la crisis agrícola en las zonas cercanas tiene mas de dos décadas.

De igual forma la desaladora que se suma al impacto de la

cuenca del Río Yaqui al estar muy cerca de su delta ubicado en el Golfo de California es una arista mas a la crisis pesquera, especialmente en la zona de construcción: el Puerto de Guaymas, donde por años existe un intento por despertar la vocación fantasma de centro turístico antes que centro pesquero. Una desaladora tiene como efecto directo la pérdida de humedales, el aumento de los niveles de salinidad del agua, que genera la pérdida de zonas de reproducción de especies marinas que conlleva al aumento de la crisis pesquera, de igual forma la pérdida de un ecosistema esencial para la adaptación al cambio climático genera una deuda ecológica que aumente año con año con la llegada de fenómenos naturales que sin una barrera natural se convierten en desastres sociales.

No podemos obviar o dejar fuera de esta análisis somero y al vuelo de la deuda ecológica del SONORA SI la construcción de las plantas tratadoras de aguas residuales que aunque necesarias y obligatorias para el estado y los municipios, están se presentan en un programa encaminado hacia la privatización de los organismos operadores de agua potable municipales, como lo es el PROMAGUA proyecto del Banco Interamericano de Desarrollo y el gobierno federal, cabe mencionar que los proyectos urbanos que se tienen contemplados al menos en las ciudades de Nogales y Hermosillo, no contemplan usar el agua ni para la industria, ni para la recarga de mantos acuíferos, acciones necesarias para a recuperación de áreas verdes y la rehabilitación de los mantos acuíferos que a largo plazo beneficiara a la cuenca.

El mega proyecto SONORA SI se presenta en un momento histórico cuando la crisis económica y la crisis ambiental entran en un punto de quiebre y este parte de ideas o formas de principio de siglo pasado donde se tomaba poco en cuenta los enfoques ecosistemicos, además de ir encaminados a la privatización de los recursos naturales estratégicos para un desarrollo igualitario entre los ecosistemas y los asentamientos humanos, como son el agua y la energía, pasando por alto las necesidades básicas de invertir en salud, educación, vivienda, investigación científica y tecnológica, aumentando con esto no solo la deuda ecológica, sino la deuda social e histórica que tiene el sistema para con los que han contribuido en mayor medida para la riqueza de unos cuantos y que en este caso particular tiene el gobierno para con los habitantes más vulnerables del estado, beneficiando a un grupo de poder que incluso con el cambio de partido mantiene el control de las decisiones a tomar con respecto al desarrollo del estado, donde se valoran más las ganancias que se obtienen a partir de la construcción de obras de infraestructura, que los costos socio ambientales para con la mayoría de la población y los ecosistemas.

Los problemas de escasez de agua en el estado se han acrecentado debido a la ineficiente administración del recurso, ya que no ha habido acciones para evitar la deforestación de zonas de recarga, y la extracción de materiales para la industria de la construcción como arena y grava, que representan los filtros de agua hacia el subsuelo, generando cárcavas visibles en las que fueran las zonas riparias de los ríos en los tramos cercanos a las ciudades. Métodos alternativos de captación de agua, como la llamada cosecha de agua, consisten en reforestar las zonas riparias y declarar como reserva aquellos suelos porosos que permiten la filtración directa de agua al subsuelo, en vez de permitir la extracción de estos materiales. Acciones como esta estarían encaminadas a la recuperación de los acuíferos subterráneos y de los ecosistemas superficiales que brindan diversos servicios ambientales, como la generación de microclimas, el aumento de la vegetación y de los habitats de la fauna local, entre otros.

Pero la actividad que más ha contribuido a la escasez del recurso es sin duda la industria agropecuaria, ya que a partir de su implantación en la entidad a mediados del siglo XX, ha generado la extracción masiva del recurso hasta sobreexplotar los importantes acuíferos existentes. El sistema de riego que se utiliza en la mayoría de las tierras de cultivo en Sonora es el de inundación de canales, método mediante el cual se pierden importantes cantidades de agua por evaporación, sobre todo si consideramos las elevadas temperaturas que presenta el estado la mayor parte del año. Cambiar este tipo de riego por otros como el sistema por goteo, o la agricultura en invernaderos, significaría un importante ahorro en el uso del agua, sin mermar la producción agropecuaria que es una de las principales fuentes de ingresos para el estado. El apoyo a los productores para modernizar su infraestructura de riego agrícola, representaría una inversión mucho menor que la construcción de las grandes obras de infraestructura que se plantan en el proyecto SONORA SI, además de que son técnicas que no tienen efectos directos sobre el ecosistema, como los mencionados anteriormente para el caso de las presas, trasvases y desaladoras.

Sin duda el mal manejo del recurso hídrico ha llevado a una crisis global en la que cada vez las afectaciones a la salud humana y del ambiente resultan mayores. Es por lo tanto necesario, tomar acciones remediativas encaminadas al manejo y aprovechamiento sustentable del recurso, así como a su saneamiento y recuperación. El mega proyecto descrito no representa una panacea para solucionar la crisis hídrica del estado, por el contrario se trata de un planteamiento de afectaciones ecosistémicas y sociales mayores, que quizá en los primeros años de funcionamiento de las obras propuestas pueda generar un abastecimiento suficiente del recurso, pero que en el largo plazo generará la devastación de los ecosistemas de cuencas, sin posibilidades para su recuperación.

Esta política para la obra pública está claramente encaminada al beneficio de las grandes ciudades, pero no considera el territorio al cual se estará afectando, al modificar los cursos y disponibilidad del recurso, al igual que la productividad del suelo que depende directamente de las cuencas. Estrategias como la cosecha de agua, la reforestación y el cambio en los sistemas de riego agropecuarios, quizá no resulten tan vistosas, ni generen ganancias para las grandes empresas inmobiliarias que estarán llevando a cabo estas obras, sin embargo apuntan a ser estrategias que a largo plazo podrán garantizar el acceso y la conservación del agua para el consumo humano y para la preservación de los ecosistemas.

Mayo 2012

* Articulo escrito en colaboración con Brisa Violeta Carrasco Gallegos

Organización versus Incineración: comienza la lucha comunitaria

La ciudad de México produce diariamente mas de doce mil toneladas de residuos solidos urbanos (RSU) de los cuales mas del ochenta por ciento podrían ser reutilizables o reciclables, sin embargo esta practica no se lleva a cabo, sino que estos residuos son depositados en rellenos sanitarios o incinerados en plantas procesadoras de cemento. La primer opción era la mas utilizada hasta diciembre del 2011, y en ella recicladores informales en situaciones muy precarias y de un gran riesgo sanitario recuperaban algunos de estos residuos para su comercialización. Desde fines del 2011 gran parte de este material es llevado a los hornos de cemento para su incineración y así convertirlo en lo que ellos llaman combustible alterno, una falsa solución a la crisis climática y sistémica que vivimos actualmente.

El relleno sanitario Bordo Poniente, era no solo el relleno sanitario mas grande de la Cd de México, sino de toda Latinoamérica y el cual fue cerrado en diciembre del 2011 en una decisión conjunta del gobierno federal y el gobierno de la Cd de México, esto fue hecho sin antes tener un plan adecuado del manejo de los RSU, ni involucrando a los afectados del cierre, al contrario, meses antes se había firmado un contrato con la empresa cementera Cementos de México (CEMEX) para el coprocesamiento (alias incineración) de cuatro mil toneladas de estos residuos en sus plantas de Huichapán en el Estado de Hidalgo y en Tepeaca en el Estado de Puebla; todo esto sin consulta previa ni a las comunidades cercanas a las plantas cementeras, ni a los recicladores informales que sobrevivían de la recuperación en el relleno sanitario, situación que ha generado inconformidades en las comunidades que los ha llevando a organizarse contra esta situación. Cabe señalar que además de los impactos socio ambientales de los que hablaremos, este contrato de CEMEX con el Gobierno de la Cd de México, le cuesta a los habitantes de esta ciudad trecientos pesos por tonelada transportada e incinerada en los hornos cementeros.

En México la incineración de RSU no esta legislada salvo en algunos casos muy concretos, pero las plantas incineradoras como tal no existen, los residuos se disponen en rellenos sanitarios donde se les da un tratamiento menor en el mejor de los casos o en basureros a cielo abierto con un grado de riesgo mayor. Importante mencionar que mas de la mitad de RSU producidos terminan en tiraderos clandestinos o en las calles de las ciudad, generando un impacto mayor que las dos opciones anteriores, afectando no solo a los ecosistemas cercanos, sino también la salud de las comunidades humanas que se encuentran en el radio de contaminación de estos espacios.

La legislación actual permite que los municipios sean los encargados de manejar la disponen final de sus RSU, esto puede ser ya sea provenido a la ciudad de un relleno sanitario publico manejado con recursos públicos o privatizar el relleno a una empresa que se encargue del manejo de lugar y de la disposición de los residuos, privatizando con esto un recurso que a la larga y con un manejo adecuado podría ser económicamente rentable para el municipio y la comunidad. Un problema global que desde el sistema actual no se alcanzan a ver las soluciones, pues al salirse estas de la lógica del mercado actual, este no es capaz de ver las posibilidades de un manejo de RSU donde estos no sean confinados en rellenos, sino que siguen de manera cíclica contribuyendo.

Las resistencias globales contra la incineración de residuos (tanto solidos urbanos, como industriales, biológicos y/o tóxicos-peligrosos) vienen dándose desde mediados del siglo pasado, aunque con el nacimiento de la Alianza Global para Alternativas a la Incineración (GAIA por sus siglas en ingles) estas cobran mucho mayor fuerza, así mismo comienzan a tener un respaldo, pues esta alianza genera mucha información científica sobre los impactos en salud y socio ambientales que la incineración genera, así mismo ofrecen alternativas y soluciones reales a la problemática de los residuos y su disposición final. De igual forma GAIA no solo trabaja con comunidades que resisten a proyectos de incineración locales dándoles apoyo y difusión internacional, sino que también se involucran con redes de recicladores, logrando con esto una pinza para la industria de la incineración, por un lado con las comunidades en resistencia a los proyectos y por el otro lado con las redes de recicladores que ven su fuente de trabajo en peligro con el aumento de los incineradores de RSU.

En México sin embargo el tema de los residuos no ha pasado de ser una moda mediática, sin llegar al fondo del problema: el modelo de consumo y los impacto de este al generar mas y mas residuos, pero con la crisis actual, el modelo económico busca nuevas formas de salir de dicha situación critica y ven en los residuos una de las soluciones que al final no es sino una falsa solución que impacta a la naturaleza y las poblaciones humanas mas vulnerables.

La decisión de la Cd de México de incinerar cuatro mil toneladas de RSU en hornos cementeros, se convierte en un experimento tanto de la industria como del gobierno para que este sea el modelo a adoptar para el manejo de los residuos solidos urbanos a nivel nacional, es fácil prever esto si se observa la tendencia internacional y el papel que juegan en esto las plantas cementeras, ya lo están haciendo con los residuos industriales bajo la falsa premisa de valorización energética y el uso de estos como combustible alterno para la producción de cemento que también les da la oportunidad de acercarse a los Mercados de Carbono y acceder a fondos destinados a la mitigación de $CO2$. Misma idea se aplica con los RSU que forma parte de todo este coctel de Mecanismos de Desarrollo Limpio y combustible alterno al combustible fósil.

En México, desde el 2009 con la resistencia que ha llevado la comunidad de Apaxco en el Estado de México contra la empresa filial de la transnacional cementera Holcim-Apasco llamada Ecoltec, con un campamento frente a las puertas de la empresa que la mantuvo cerrada por casi tres años y la decisión del

Gobierno de la Cd de México de contratar los servicios de CEMEX para la incineración de los RSU producidos en una ciudad e incinerados en otras comunidades, estas se han organizado contra estas plantas cementeras, primeramente por la incineración de los RSU de la Cd de México, pero conociendo los impactos de los demás residuos que proveen el combustible alterno a los hornos. Tanto Apaxco como Huichapán se han organizado contra dos de las empresas cementeras mas grandes a nivel global las cuales buscan salir de la crisis económica que viven actualmente reconvirtiendo su tipo de combustible de fósil. a lo que se conoce como CDR (Combustible Derivado de Residuos) pasando por alto los impactos ya documentados de mezclar este coctel químico como es la producción de Oxido de Nitrógeno principal componente de la lluvia ácida, partículas ultra-finas que contribuyen a la desertificación de los suelos y la contaminación de las aguas, azufres y otros contaminantes orgánicos e inorgánicos que afectan la salud tanto humana y de los ecosistemas, siendo los mas peligrosos, el riesgo de las dioxinas y furanos, dos de los contaminantes mas peligros del mundo, producidos por el ser humano, es decir, son tan peligrosos que la naturaleza nunca los hubiera creado de forma natural. Esta información ha llevado que las comunidades afectadas se organicen en diversas peticiones que van desde el caso de la comunidad de Apaxco que pide el cierre de Ecoltec en la región hasta la comunidad de Huichapán que en en este momento se organizan para ir mas allá de la planta cementera e involucrarse en el cuidado de la naturaleza en general, exigiendo a CEMEX que como una primera acción de buen vecino para la comunidad, es dejar de recibir los RSU de la Cd de México. Las dos luchas se encuentran en proceso y aunque no se visualiza una victoria a corto plazo, las dos son históricas pues son las primeras comunidades que se escuchan cuestionar las falsas verdades de la incineración; comunidades que pueden presionar y lograr un cambio en el manejo de residuos en México, mas cercano a la filosofía de Basura Cero que a los manejos actuales. Importante señalar que el impacto que esta practica genera, no es solo el impacto socio ambiental en las comunidades que se encuentran cercanas a las plantas cementeras, también esta el impacto de la privatización de los RSU repercutiendo en los recicladores tanto formales como informales y su forma de ganarse la vida, impacto producido por el cierre de los rellenos sanitarios y el eventual envío a los hornos cementeros, en este caso especifico de CEMEX, dejando en estas poblaciones en una vulnerabilidad económica mucho mayor de la que ya se encontraba.

El sistema extractivista que impera actualmente y su mejor discípulo, el modelo neoliberal vive una crisis sistémica como nunca antes y busca desesperadamente nuevas formas de apropiarse de los recursos naturales estratégicos, generando impactos en la naturaleza y las comunidades mas vulnerables, es necesario buscar desde abajo soluciones reales a esta crisis sistémica, desde un nivel personal y comunitario, trabajando hombro con hombro desde un enfoque ecosistemico reconociéndonos como parte de la naturaleza y no como entes aparte. Algo que el sistema nos quiere vender como la verdad absoluta en que se basa todo su poder.

Julio 2012

De días de acción global para un cambio permanente

El 30 de septiembre fue el día de acción global contra la incineración, el cual tiene ya diez años de realizarse de forma consecutiva por parte de la Alianza Global de Alternativas a la Incineración (GAIA), alianza con presencia en mas de 90 países y mas de 600 miembros, entre los que se encuentran centro de investigación, organizaciones sociales, red, alianzas nacionales e internacionales y hasta ciudadanos que no pertenecen a ninguna institución, todas trabajando de forma directa o indirecta el tema de los residuos, la incineración de los mismos y los impactos de esta en la salud y el medio ambiente, además de poner mucho énfasis a las alternativas a la incineración como son una relación muy estrecha con los recicladores ya sean estos organizados o no, buscando implementar políticas publicas de reducción de residuos como el concepto de basura CERO o yendo mucho mas allá, hacia una critica al sistema actual donde impera la idea del consumismo como la idea central de forma de vida de los seres humanos generando con esto una crisis ambiental, que ya repercute de manera directa en una crisis económica, llegando a convertirse en una crisis de sistema civilizatorio. GAIA busca alternativas no solo a la incineración sino hacia una forma de consumo que no beneficia a nadie y causa impactos en los ecosistemas y los seres humanos, al fin y al cabo residentes de estos ecosistemas con otras especies de seres vivos, que sin tener vela en el entierro sufren las consecuencias de nuestros actos.

Cada año desde hace diez, desde la alianza, pero con la libertad de que cada participante contribuya en lo que pueda para poner al menos ese día en el foco mediático el problema de los residuos, se llevan a cabo distintas acciones en todo el planeta. Estas acciones son muy diversas, la mayoría son de acuerdo al perfil de quien la lleva a cabo y pueden ir desde la presentación de algún informe, una comunicado de prensa, manifestación masivas, en fin lo que la creatividad nos permita para hacer llegar un mensaje muy claro: quemar residuos es una mala idea, no ver las alternativas es aun peor.

Este año GAIA decidió llevar a cabo su día de acción global con acciones que pueden o deben ser decisivas para el futuro del planeta en los próximos años. Decidió hacer un día de acción global contra el manejo de los fondos climáticos por parte de la Organización de Naciones Unidas, lo cual a todas luces va encaminados a darle mas poder a la clase económica y sus instituciones financieras internacionales que como una salidas real a la crisis climática que vivimos en la actualidad, una lucha en la que la alianza ha estado participando desde que el fondo verde apareció en las reuniones de la conferencia de las partes sobre cambio climático de la ONU (las llamadas COP) y en las cuales han hecho una excelente mancuerna con grupos de recicladores organizados a nivel mundial, un ejemplo de ella es la red latinoamericana de recicladores con los que el capitulo latinoamericano mantiene una estrecha relación de camaradería y de resistencias ante los proyectos que ponen por un lado en peligro la salud publica de las comunidades humanos y por otro desconoce la labor y la necesidad de implementar políticas de reciclaje en los planes de gobierno municipal. Sin embargo GAIA o algunos aliados o miembros de esta alianza que mantiene una diversidad muy rica en sus miembros, van mucho mas allá, van hasta el quiebre civilizatorio donde el consumismo y el sistema económico actual son sin duda los principales responsables de esta crisis global actual, global no solo en términos geográficos, sino también en términos mas amplios como son económicos, políticos, sociales y ambientales.

Este año como todos los otros ha sido muy diversas las acciones, ¿lo mejor? Es que todo esto no se centra en un solo día a pesar de que inmediatamente se habla del Día de Acción Global, las acciones se llevaran a cabo por casi toda una semana, dependiendo de cada uno de los miembros de la alianza, esto permite incidir, también permite continuar hablando de este tema crucial como es la crisis climática, donde la Basura CERO y el reciclaje contra la incineración de residuos es el dilema de los gobiernos que y las corporaciones que intentan llevarse estos fondos a proyectos de producción de energía mediante la quema de residuos contra planes de basura CERO donde los recicladores juegan un papel muy importante, ya que son el primer frente de batalla contra el problema de los residuos, ayudando no solo a mantener un ambiente sano, sino mejorando la calidad de vida de toda una ciudad, no hablaremos aquí de la calidad de vida y la marginación que sufren estas personas en el día a día, lo dejaremos para otra ocasión. Hoy nos centraremos en el Día de Acción Global y la labor que este grupo hace en favor de los ecosistemas y del clima global, por lo cual una de sus exigencias es que estos fondos que se destinaran para continuar esta lucha contra el calentamiento global, sean aprovechados por proyectos y grupos que realmente aportan una reducción significativa de Gases de Efecto Invernadero desde la perspectiva de mitigación, pero también y mucho mas importantes desde la adaptación, por lo tanto si alguien debe de recibir un apoyo para continuar beneficiando la lucha contra el cambio climático son ellos. Un día/semana de mucha acción que no se termina, que es solo un día para mostrar lo que se viene haciendo desde distintas trincheras en la resistencia por crear un mundo mas justo para todos y todas y que buscan alternativas reales, no basados en el control económico o en la idea del sistema actual que mediante un discurso vacío habla de solucionar los problemas actuales implementando acciones similares o las mismas que nos llevaron a la situación de crisis en la que nos encontramos. Este día sirve para que todos y todas aquellas involucrados en la lucha contra la incineración, contra las falsas soluciones al cambio climático, de alternativas al manejo de residuos confluya en una misma dirección y eso es lo valioso de una acción global, de cierta forma encontrarse para darse cuenta de que esta lucha es de todas y por todas.

Vivimos momentos críticos en este momento, donde la crisis

socio ambiental y económica global, nos obliga a buscar nuevas formas de relacionarnos entre nosotros mismos y el entorno que nos rodea, no se puede pasar por alto que la suma de estas crisis nos dan como resultado una crisis civilizatoria que va mas allá de cualquier tipo de gobierno tradicional, sea este de izquierda o de derecha, los dos están en una crisis mayor que no se puede subsanar con políticas o acciones arcaicas sin un cambio de paradigma civilizatorio. El mostrar al menos en acciones globales confluyendo todos los activos participantes de estos cambios en proceso, es un aliciente para todos los que aun soñamos con ese mundo donde quepan muchos mundos, esos lugares donde términos como justicia, equidad, ecosistemas sanos, no sean solo palabras vacías llenas de retorica demagógica, sino parte de una nueva realidad civilizatoria.

Septiembre 2012

Incineración de Residuos Solidos Urbanos en plantas cementeras en México

México es el segundo país en Latinoamérica en la generación de residuos solidos urbanos (RSU), siendo la Cd de México, la entidad federativa que genera la mayor cantidad con aproximadamente 20 mil toneladas de RSU diariamente, 12 mil toneladas, antes de diciembre del 2011 se disponían en el Relleno Sanitario Bordo Poniente, catalogado como el relleno sanitario mas grande de Latinoamérica y que fue cerrado por el Gobierno Federal en acuerdo con el Gobierno del Distrito Federal. Las 7 mil restantes se disponen en rellenos sanitarios privados en municipios del Estado de México, More los e Hidalgo.

En México, la practica común para la disposición final de los RSU, son los vertederos a cielo abierto, sin embargo los Rellenos Sanitarios comienzan a ganar terreno en ese sentido. Tanto los vertederos a cielo abierto como los rellenos sanitarios son practicas que básicamente consisten en el enterramiento de la mayoría de los residuos y la recuperación de algunos materiales que aun tienen un valor comercial. Estos son recuperados por recicladores que pueden ser informales o formales, en condiciones de riesgo sanitario, con una paga muy baja y en situaciones socio-ambientales muy precarias, generalmente viven en la misma zona donde trabajan, es decir dentro de los rellenos o vertederos o a las orillas de estos, aumentando con esto el riesgo socio-ambiental de estas comunidades. Pocas veces son los comerciantes directos del material recuperado, siendo estafados en muchas ocasiones por las autoridades municipales o los dueños de los rellenos sanitarios privados, con pocas o nulas posibilidades de mejorar su calidad de vida. Para los rellenos sanitarios y/o peligrosos la disposición cambia considerablemente, aunque no los impactos que genera. Estos residuos son incinerados en plantas construidas explícitamente para eso o en hornos cementeros, que al contar con la tecnología para eso, cobran una cantidad a los productores de dichos residuos y con esto generar una ganancia extra, además de cierta cantidad de energía alternativa a los combustibles fósiles. En México los combustibles derivados de residuos (CDR) se usan desde hace diez años, principalmente llantas, residuos industriales y peligrosos y residuos sanitarios, sin embargo con la crisis económica actual, donde la industria del cemento es una de las mas golpeadas, han expandido a nivel global el uso de residuos como combustibles también hacia los RSU. El caso del cierre del Bordo Poniente y el convenio que se tenia entre el GDF y la empresa cementera CEMEX, es un claro ejemplo de la tendencia de dicha industria para resolver un problema urbano como son los residuos y buscar salida a la crisis económica, trayendo con esto una injusticia ambiental en muchos aspectos. Desde los RSU producidos en una entidad federativa y dispuestos en otra hasta la perdida de trabajo de los recicladores y los impactos socio-ambientales que lleva la incineración de estos residuos en las localidades donde están instaladas las plantas cementeras participantes de dicho convenio.

El cierre del Bordo Poniente y el convenio de CEMEX con el GDF produjo una ganancia a la empresa cementera de 300 pesos por tonelada incinerada en los hornos cementeros en dos plantas, una instalada en el municipio de Tepeaca, en el Estado de Puebla y la otra en el municipio de Huichapan, en el Estado de Hidalgo. Estas plantas recibían 7 mil toneladas de RSU diariamente para ser incineradas, 4 mil en Tepeaca y las 3 mil restantes en Huichapan. Las 5 mil restantes van a los rellenos sanitarios donde el GDF ya tiene convenios y acuerdos en los Estados de México, More los e Hidalgo. Esto genera como ya se dijo un problema de injusticia ambiental pues los impactos socio-ambientales que se generan por el manejo inadecuado de estos RSU es recibido por comunidades que no generaron el problema, causando con esto una serie de acciones no solo de descontento entre la población impactada, sino también casos de salud humana y ecosistemica que los lleva a buscar salida a este problema.

En febrero del 2012, la comunidad de Huichapan, al detectar ciertos olores por la madrugada, que provenían de las cercanías a la planta cementera, olores que se sumaban a muchos otros con los que ya estaban habituados, se dan a la tarea de investigar el porque de estos olores, descubriendo el convenio del GDF y CEMEX para incinerar 3 mil toneladas de RSU diarios en los hornos de la planta, sabiendo esto comienzan a organizar reuniones con la comunidad para informarles de la situación, así como de los impactos que genera la incineración de residuos en hornos cementeros, impactos que no solo son de carácter ecológico, sino también de salud publica. Igual que informan ala comunidad comienzan a tener reuniones con la empresa para buscar una solución sin que se afecte lo mas posible a los trabajadores de la empresa, situación en la cual no se llega a nada, pues CEMEX, busca todas las salida posibles para continuar con la incineración de estos residuos. Con las autoridades locales tampoco se llega a un acuerdo.

Después de ocho meses de lucha, en la que la comunidad se organiza en una asociación auto denominada Ciudadanos Unidos por el Medio Ambiente (CUMA) donde participan distintos lideres comunitarios como son lideres religiosos, empresarios, profesores, amas de casa, desde donde deciden que su estrategia de resistencia es presionar a la autoridades, en vez de la confrontación directa con la empresa, consiguen aliados importantes dentro de las autoridades que hacen valer su peso para que se cumpla tanto la ley estatal de protección ecología que prohíbe terminantemente la incineración de residuos en cualquiera de sus formas y la ley estatal de residuos que no permite la disposición final, el traslado y transporte de residuos de un municipio, estado o país a otro. Este es el golpe final para que CEMEX cancele su compromiso con el GDF, no solo en la comunidad de Huichapan, sino también en la planta de Atotonilco. Quedando solo la planta de Tepeaca, donde se aumenta de 4 a 6 mil toneladas diarias. Esto debido a que el Estado de Puebla no tiene los candados legales de el Estado de Hidalgo, haciendo mucho mas difícil la resistencia.

Aunque la lucha en el Estado de Hidalgo se gano, el problema de los RSU, proveniente de la Cd de México aun esta latente y en aumento pues el Bordo de Xochiaca, el segundo relleno sanitario de la Cd de México ha sido cerrado y la incineración de residuos en la planta CEMEX de Tepeaca continua y el GDF se encuentra en negociaciones con Holcim-Apasco en el municipio de Apaxco, Estado de México para mandar algunas toneladas a esta empresa.

Las soluciones de final de tubería, son soluciones que no cuestionan las causas del aumento de los residuos y muchos menos las consecuencias de un manejo inadecuado de los mismos. De igual forma estas no tienen un enfoque ecosistemico que cierre el circulo de los residuos fomentando la extracción de bienes naturales para continuar con una producción, consumo y disposición final de residuos que día a día necesita extraer mas para poder continuar con la demanda. Estas soluciones son falsas alternativas que propone el sistema actual para seguir perpetuando un modelo económico basado en la apropiación de la naturaleza y los territorios. Es necesario poner en marcha alternativas que desde las propias comunidades y grupos organizados ya están trabajando, así mismo reconocer los ciclos naturales de los ecosistemas para aprender no solo a convivir con ellos, sino a formar parte integra de los mismos.

Noviembre 2012

* *Ponencia presentada en la reunión del MOVIAC Salvador. San Salvador.*

COP 18: El fin del juego

La conferencia de las partes sobre cambio climático numero dieciocho, llego a su fin, cumpliendo con las expectativas que desde la sociedad civil se tenían sobre dicha reunión, realizada en Doha, Quatar. Dichas expectativas que si bien no son las deseadas, son el desenlace de una historia que se viene escribiendo año con año desde hace algunos años ya.

La COP 18 llega con la carga del fracaso de Durban, Sudafrica, donde no solo no fueron capaces de llegar a un acuerdo vinculante real ante el termino del periodo del Protocolo de Kyoto, sino que tuvieron la retirada de Canadá de este protocolo y una crisis económica que comienza a ser la directriz no oficial de la postura de la Unión Europea ante la crisis climática, que junto a Australia, la EU queda como la voz fuerte y decisiva en cuanto a lineas a tomar dentro de los próximos acuerdos, sin posicionarse o tomar posturas políticas adecuadas a la realidad que vivimos actualmente. No lo hicieron en Durban y mucho menos en Doha, llegando a una serie de acuerdos aprobados al vapor, sin mucha consulta y/o análisis, trazando un plan de trabajo para la creación de un nuevo protocolo o acuerdo que se creara en el 2015 y se pondrá en funcionamiento para el 2020. en la espera de estos siete años, la tendencia es que los mercados de carbono se fortalezcan junto con todos sus mecanismos.

Si en Durban, en la COP 17, quedo en entredicho que los acuerdos de reducción promovidos por el Protocolo de Kyoto, no eran realistas, ni mucho menos lo necesario, también se evidencio que dichos acuerdos no fueron cumplidos cabalmente, por lo tanto, el Protocolo de Kyoto queda como un protocolo fracasado. Doha siguió por la misma linea que Durban. Si algo quedo claro en la COP 18, es la falta de voluntad política por parte del Norte Global de hacer valer sus compromisos y del Sur Global de buscar alternativas que no involucren a los mercados de carbono como la solución a la crisis climática. Sin esto los acuerdos y compromisos quedan en el aire, solo como buenas intenciones, mismas que son el eje central del discurso para el próximo acuerdo. Esto como resultado de las negociaciones en las dos ultimas COPs respectivamente, beneficiando al final a los países mas industrializados y a los mercados de carbono, dejando el impacto a las poblaciones mas vulnerables. Resulta extraño ver como las medidas de mitigación y adaptación han pasado a convertirse en un tema meramente económico global, esto como resultado del fondo verde global, mecanismo que sigue tomando fuerza ante el claro retroceso de otros mecanismos de los mercados de carbono que están pasando por una estructuración a nivel económico y político.

Todo parece indicar que el nuevo acuerdo va mas encaminado a fomentar y fortalecer los mercados de carbono y la economía global que para una verdadera reducción de emisiones y la implementación de medidas de adaptación equitativas ante las inminentes consecuencias del cambio climático.

Después de dieciocho reuniones de las COPs, donde cada una de ellas fue dejando una sensación de vacío y fracaso, los avances para encontrar soluciones a la crisis climática por parte de los gobiernos, se ve cada vez mas lejano que se lleguen a verdaderas acciones que reduzcan las emisiones y medidas de adaptación para las consecuencias. Esto se debe principalmente a que en estas dieciocho reuniones no se ha criticado, ni tocado al menos de manera periférica el sistema de producción y la crisis ecosistemica que son las causas básicas de la crisis climática. Los estudios serios y basados en la mejor ciencia posible, son contundente. De no buscar otros modelos de producción, otras formas de relación con la naturaleza, no se esta hablando de soluciones verdaderas a la crisis climática, por lo tanto convierte a las COPs en meras pantomimas, en un montaje del sistema que no aporta en nada a la realidad, ni en lo mínimo como buscar medidas reales tanto de mitigación como de adaptación a la crisis climática.

La COP 18 termino sin resolver nada, igual que las diecisiete anteriores, sin embargo en Doha quedo al descubierto el fin del juego, el fracaso es evidente. Para minimizar los impactos, urge cambiar a los jugadores, involucrando a la sociedad y darle la vuelta al sistema. Es imperativo para nuestra propia supervivencia. Estamos ante un cambio paradigmático que no es posible darlo sin cuestionar la crisis sistémica y civilizatoria que se vive actualmente.

Diciembre del 2012

Fracking: en el cenit del petroleo el aumento de la extracción

...a manera de introducción...

Es un hecho que estamos viviendo el cenit del petroleo, es decir la curva de la explotación comienza su descenso y cada vez resulta mas caro y difícil acceder a los nuevos yacimientos, así como continuar extrayendo de los ya existentes.

Si partimos que desde el descubrimiento de los usos para este "recurso" no renovable; la dependencia hacia el nos ha convertido en una civilización con pocas aptitudes para la supervivencia hacia un futuro de mediano plazo donde los combustibles fósiles (petroleo y gas) estén en su final, esto convierte una situación de por si critica en dramática: sin olvidar claro esta los impactos que este modelo basado en la extracción de los bienes comunes naturales y la dependencia a los combustibles fósiles han producido en el planeta, siendo el calentamiento global y el cambio climático antropogenico el mayor peligro en la actualidad.

Para el sistema actual y el modelo de producción lineal que impera en la actualidad es prácticamente imposible un cambio de paradigma, no solo energética, sino en todo el sistema y el uso de lo que llamamos recursos naturales, es por eso que ante el cenit del petroleo se buscan nuevas formas y/o tecnologías para acceder a los recursos secundarios como el gas. Algunas de estas tecnologías son demasiado costosas, otras con un gran impacto socio-ambiental y el uso desmedido de otros bienes comunes naturales necesarios para los procesos ecosistémicos de la naturaleza.

El enemigo: la industria petrolera

Si nos hacemos un poco de memoria sobre los impactos de la industria petrolera de forma directa principalmente en los océanos y su biodiversidad, podemos mencionar algunas catástrofes importantes en los últimos treinta años. La primera que se nos viene a la memoria es la ocurrida en la década de los ochenta en las costas de Alaska cuando el buque-transportador Exxon Valdez encallo, derramando cientos de toneladas de petroleo en las costas del norte del Océano Pacifico, de igual forma en las costas del Mediterráneo a principios de la década de los noventa del siglo pasado, ocurrió un derrame similar. Para principios de este siglo en las Islas Galápagos un accidente con un gran derrame de petroleo puso en jaque la biodiversidad de estas históricas islas o las derramadas en las costas de Galicia, España en el 2002 hasta llegar al 2010 y al mayor accidente ocurrido hasta la fecha cuando la plataforma de perforación profunda de la empresa petrolera British Petroleum exploto causando un desastre ambiental sin precedentes en el Golfo de México, con daños de los que no podremos recuperarnos en algunas generaciones mas.

Estos accidentes ampliamente documentados, estudiados y inmediatamente muy visualizados son solo una parte de los impactos que la industria petrolera va dejando a su paso tanto en los ecosistemas como en las comunidades humanas que viven de estos ecosistemas, aquí el impacto no solo lo resisten las comunidades pesqueras y/o costeras, sino también algunas comunidades agropecuarias. De igual forma las refinerías construidas lejos de las costas o de la extracción de los hidrocarburos, causan un serio impacto socio-ambiental a las comunidades cercanas.

Intentando mantener vivo al agónico

Uno de los principales "excedentes" para la industria petrolera ha sido el gas que se produce a la extracción del petroleo. Sin embargo en los últimos años este ha ido cobrando una importancia que lo equipara con otros energéticos, dándole la pelea al hegemónico petroleo.

La extracción del gas es costosa y muchas veces requiere de tecnología de punta para que este sea reditable en términos económicos, sin embargo la industria ha ido perfeccionando una técnica que le permite abaratar los costos y maximizar las ganancias., aunque aumentando los impactos socio-ambientales.

Esta técnica conocida como fracking por su nombre en ingles y que se traduce como fractura hidráulica, consiste en inyectar agua con otros compuestos químicos a presión, que obligue por el principio de Arquímedes a sacar el gas al exterior. Este proceso que desde hace algunos años es el mas utilizado por los Estados Unidos para la extracción de gas, comienza a ser el modelo mas atractivo para implementarlo en otros países, que ven en la facturación hidráulica una solución mas costeable para continuar perpetuando el modelo extractivo actual, socializando los costos socio-ambientales. En los últimos diez años el uso del fracking ha ido en aumento con mas de 2.5 millones de fracturas hidráulicas con una regulación muy pobre o nula en la mayoría de los países e ignorando los estudios que se han hecho de los impactos de dicha practica en la naturaleza y los seres humanos en el proceso de extracción del gas.

Si bien el fracking es una técnica o proceso para extraer gas y no petroleo, principal enemigo cuando se habla de la dependencia de los humanos a los combustibles fósiles. La relación de estos dos combustibles es muy cercana y tanto uno como el otro fomentan la dependencia y limitan la búsqueda de alternativas tanto de matriz energética como de modelo, dándolo continuidad al uso de energía no renovables que son las que tienen en jaque a la civilización actual.

Los impactos del fracking

Primero que nada el fracking es un proceso extractivo y por lo tanto tiene ciertos impactos socio-ambientales, principalmente en relación a la expropiación de territorios, causando con esto refugiados ambientales tanto humanos como de otras especies, generando impactos culturales y ecosistémicos. Sin embargo el proceso mismo genera otros impactos directos. En los Estados Unidos, país con mas tiempo llevando a cabo este proceso, algunos estudios han arrojado que el agua que se utiliza, mezclada con otros compuestos químicos como el benceno, el plomo y veinticuatro químicos mas, todos probados como cancerígenos son descargados a los mantos acuíferos contaminando con esto las cuencas, poniendo en riesgo el uso de estas aguas en la industria agropecuaria y para la vida silvestre en general. Ni que decir del agua para el consumo humano. Otros estudios prueban la presencia en altas concentraciones de metano en las tuberías de agua potable, generando con esto no solo una calidad ínfima y riesgosa de dicha agua, sino también riesgos de explosión e incendios por este gas altamente flamable. No esta de mas mencionar que el metano es un gas de los llamados Gases de Efecto Invernadero con una agresividad veinte veces mayor que el dióxido de carbono. Accidentes en las zonas de extracción no están exentos de ocurrir y las medidas de seguridad no siempre son las adecuadas, siendo un gran riesgo para las comunidades cercanas a las plantas de extracción.

...¿y en México?...

Hasta hace muy poco el fracking era un proceso de los países del Norte Global, pocos o ningún país del Sur Global estaba participando en este forma de extracción, pero con la crisis económica que se vive actualmente y con la necesidad de continuar con la dependencia de los combustibles fósiles, países como México comienzan a ver en este proceso una alternativa para aprovechar al máximo los hidrocarburos. Reportes de PEMEX indican que la paraestatal piensa operar 6, 500 pozos de gas por medio de la facturación hidráulica en los próximo cincuenta años, esto sin un estudio serio de los impactos socio-ambientales y sin insertar nada de esto dentro del marco regulatorio de la ley de aguas nacionales, un bien natural común ya de por si amenazado en muchos sentidos en el país y que ahora entra un nuevo actor en el escenario de la privatización y contaminación del agua en el país.

A manera de conclusión

a pesar de las evidencias sobre los impactos socio-ambientales ampliamente documentados a nivel mundial, el fracking parece que es la tendencia a seguir por la industria petrolera y energética, día a día se escuchan nuevos proyectos o nuevas resistencias contra esta practica. Es necesario ir creando las herramientas y las alianzas necesarias para frenar este tipo de proyectos que impactan en muchos sentidos, principalmente al bien natural del agua, generando con esto mayores impactos.

A partir de lo que se conoce y con el principio precautorio como base a seguir, buscar alternativas no extractivas ni lineales son básicas para acercarnos a la solución, claro esta la participación comunitaria, el cambio de la matriz energética como base para el cambio del modelo de producción, son herramientas necesarias para lograr no solo salir de esta crisis civilizatoria actual, sino romper con un modelo paradigmático en plena decadencia.

Diciembre 2012

De la invisibilidad y la marginación al empoderamiento y la resistencia

A la Red Lacre

El primero de marzo de 1992, once recicladores fueron llevados con engaños a la Universidad Libre de Barranquilla, en Colombia, donde, se les dijo les darían material descartado que ellos podrían comercializar. Una vez dentro de las instalaciones de la universidad, estos recicladores fueron asesinados. ¿El motivo? Usar sus cuerpos y órganos en las investigaciones de los estudiantes de medicina. ¿Las razones que dieron los autores de estos asesinatos? Los recicladores no tienen familia que los extrañe o los llore. Una de las víctimas logro huir y poner la denuncia, misma que tracendio Colombia y fue noticia a nivel mundial. Esta acción llevo a que trece años después en una reunión internacional de recicladores, celebrada en Colombia, se oficializara como el día mundial de los recicladores o pepenadores, usando el termino mas común en México.

Según cifras del Banco Mundial el uno por ciento de la población mundial se dedica al reciclaje formal, es decir alrededor de quince millones de personas subsisten rescatando materiales en los rellenos sanitarios y/o vertederos a cielo abierto. Estas cifras no incluyen a los recicladores informales que usualmente recolectan en las calles de nuestras ciudades antes de que pase el camión recolector, tampoco incluye a los asistentes del camión que también hacen una recolección previa a la disposición final de los residuos. Con la suma de los recicladores informales la cifra podría aumentar considerablemente.

Otras cifras ha analizar, las da el Banco Interamericano de Desarrollo (BID) que dicen que la industria del reciclaje -desde la recolección por parte de los pepenadores, hasta la comercialización en centros especializados- va en aumento y preveen que en los próximos diez años, esta aumente en un veinte por ciento de lo que se recicla actualmente. Lamentablemente las cifras que maneja en su estudio de planes estratégicos para la gestión integral de residuos solidos, no son muy claros y varia mucho de país a país En México, los datos del BID, es que la industria del reciclaje formal alcanza un 0,5 por ciento y van en aumento. Aunque se alerta de que los nuevos planes en el sector energético y el sector de la industria cementera de usar residuos como combustible alterno, den un giro negativo en la industria del reciclaje.

Siguiendo un poco con las cifras, importantes para entender un poco el valioso trabajo que llevan a cabo los pepenadores, en México, la revista Forbes en su edición de septiembre del 2007, coloca a nuestro país en el sexto lugar de "productores" de residuos en el mundo. De este estudio, se destacan dos puntos importantes. La primera es que México es el único país de Latinoamérica que aparece en una lista de ocho países, solo por debajo de Estados Unidos, Rusia, Japón, Alemania y el Reino Unido, compartiendo con Francia el nada honroso sexto lugar, produciendo anualmente 32,17 millones de toneladas al año, de las cuales solo el 3.3 por ciento se recicla.

Estas cifras por si solas representan el estado del arte, al menos en parte de la situación del manejo de los residuos solidos urbanos (RSU), pero no reflejan el lado humano, el lado social, este lado en que millones de personas recorren las calles, escalan montañas de basura para conseguir recuperar una parte de nuestros residuos que aun puede tener un uso y un valor comercial que les provea de un ingreso, ínfimo con el que logran sobrevivir. Esta cifras no representan las injusticias que comenten las empresas que les compran estos materiales, tampoco las que comenten los dueños ya sean privados o públicos de los rellenos sanitarios. Mucho menos refleja las verdaderas causas de esta problemática, la crisis de un modelo que no aguanta mas y castiga a los mas vulnerables, ignora a los marginados, los convierte en un recurso mas, los deshumaniza.

Por si fuera poco, el reciclaje en general y los pepenadores en particular, tienen al sector energético y el sector cementero un enemigo muy fuerte, pues la producción de energía, utilizando residuos como combustible alterno, va creciendo cada vez mas en los países del Sur Global -los países del Norte Global tiene ya toda una historia con las incineradoras- usando el material que los pepenadores usualmente recuperan, el mejor ejemplo de esto es la historia del Gobierno del Distrito Federal, que al cierre del Bordo Poniente, el mas grande relleno sanitario en Latinoamérica, significo la perdida de ochocientas toneladas de material recuperable, dejando a mil quinientos pepenadores sin trabajo. Estas ochocientas toneladas ahora se incineran en los hornos de cemento de la empresa CEMEX en distintas ciudades de la región centro del país. Esto CEMEX no lo hace de gratis o por usar el combustible alterno, sino que el GDF le paga trecientos pesos por tonelada de residuos incinerados, poco sentido común pagar por algo que antes dejaba dinero a mil quinientos habitantes de la Cd de México. Como esta existen muchos casos a nivel nacional y mundial.

Sin embargo existen desde hace años en Latinoamérica -ejemplo que se puede llevar a nivel mundial- de una red de recicladores que agrupa cooperativas, movimientos organizados, redes nacionales que trabajan en incidir no solo por mantener su forma de vida y trabajo ante los inminentes peligros de la incineración, sino también por mejorar sus condiciones de vida, de trabajo, de inclusión social, dejar de ser invisibles y ocupar el lugar que les corresponde por el enorme servicio ambiental y social que brindan a todo el planeta. La RED LACRE que tiene su historia desde principios de la década pasada, cada día están mejor organizados, trabajando en conjunto para lograr visibilizar el trabajo de los pepenadores a nivel mundial. A la fecha agrupa dieciséis países de Latinoamérica y una gran cantidad de grupos en los distintos países. En estos años, han logrado posicionar la red a nivel global, con grandes éxitos en sus demandas por mejorar las condiciones de vida de sus integrantes. Aun falta mucho pero esta red es un inicio alentador.

Hoy es un buen día para que de la mano de los grupos de pepenadores, de estas personas que son la trinchera entre el modelo económico, causa central del sistema de producción actual, donde incluso los seres humanos no solo mas que un recurso mas, pasemos de la critica a la acción, no cuestionar el modelo, buscando solo que los pepenadores tengan mejores condiciones de trabajo y vida, es no ir a la raíz del problema. Alguna vez un amigo me dijo: "El problema es que seguimos viendo todo como recurso y eso tiene un precio, incluso la gente es un recurso, pasemos a reconocernos como seres humanos, como bienes naturales y eso sera un gran paso hacia ese mundo posible que soñamos". En una sociedad acostumbrada a consumir y desechar incluso seres humanos, no debemos acostumbrarnos a la "basura" a ver a los pepenadores escalando en los rellenos sanitarios, al olor y la vista de estos lugares. Es mucho mejor comenzar a terminar con las causas desde la raíz.

Marzo 2013

* **Pepenadores es el nombre en México que reciben los recicladores o recuperadores de materiales de la basura**

La deuda ecológica y social del Parque Eólico en el Istmo de Tehuantepec, Oaxaca, México

Resumen:
A pesar del discurso oficial de que la industria energética no se privatizará, en las últimas décadas, Instituciones Financieras Internacionales han manifestado y promovido inversiones para apoyar programas de infraestructura energética y de reestructuración del sector energético. De esta manera han ido condicionando al gobierno mexicano a abrirse a la iniciativa privada en este sector.

De acuerdo a la Secretaria de Energía (SENER) el acceso al servicio público de electricidad ha ido en aumento. Estudios realizados por la misma SENER arrojan datos de que el 94.7% de la población mexicana tiene conexión a la red eléctrica, sin embargo reconoce que mas de cinco millones de mexicanos no cuentan con el acceso y/o el servicio, la cual podría incrementarse a 12 millones

por el aumento poblacional. (Presidencia de la República, 2006) El Programa Sectorial de Energía propuesto por la administración federal pasada reconocía el desabasto de energía y como este afectaba a las comunidades en otros servicios como el acceso al agua potable, mermando la calidad de vida de los habitantes. El PSE ha servido como el argumento principal para que tanto la administración pasada como la actual administración señalan que la infraestructura con la que cuenta el gobierno es insuficiente para cubrir con las demandas actuales y las futuras necesidades de la población y por lo tanto el Estado debe de buscar nuevas alternativas y esquemas de financiamiento, ya no solo publico sino privados. Desde este discurso de la falta

de infraestructura y de recursos, el Estado ha venido modificando la constitución (el artículo 27 específicamente) así como otras leyes que no permitían la inversión privada y así ceder a la presión de las IFIs, del banco Mundial y de las negociaciones de la OMC en torno de la privatización de los recursos públicos. (Presidencia de la República, 2007)

No solo el argumento de la incapacidad del Estado para garantizar la energía a la población ha sido el utilizado para permitir que la iniciativa privada invierta en el sector energético, también manejan el discurso de que la inversión privada   significa mayores oportunidades de empleo e incremento en las remuneraciones   de los trabajadores electricistas mexicanos.

La industria eléctrica comenzó su desarrollo a principios del nuevo siglo con la participación de capitales privados, principalmente de inversionistas extranjeros. Se estima que del 100% de la energía producida y utiliza en México, el 30% de esta, viene de la Iniciativa Privada. Principalmente de energía hidroeléctrica, pero existen nuevos campos de inversión hacia donde la iniciativa privada esta volteando su mirada. Uno de estos campos es la energía Eólica, la cual es un foco rojo, por la presencia de transnacionales que de manera silenciosa llevan un proceso de privatización y que en el caso de la energía eólica, parece ser donde mejor resultado están teniendo; un ejemplo de esto es el Parque Eólico en el Istmo de Tehuantepec, Oaxaca.   (Presidencia de la República, 2007)

Energía Eólica en México:

Según el Plan Nacional de Desarrollo (2006-2010) presentado por la administración pasada, en el capitulo de energía se refiere a la inversión en la búsqueda de alternativas de energía limpia y renovable, haciendo mención de la energía eólica como un ejemplo de este tipo. Tomando en cuenta que en el PND anterior, las energías renovables ocupaban un 4% de la energía utilizada, el nuevo Plan intenta aumentar este porcentaje en un 16% más del actual y así ir reduciendo la dependencia del petróleo y disminuir los impactos ambientales y la inversión térmica y el cambio climático. (Presidencia de la República, 2006)

Con las modificaciones a la constitución y a las leyes y normas -desde la década de los ochenta a la fecha- que rigen la generación, distribución, transformación, conducción y abastecimiento de energía, las expectativas de explotación de la energía eólica han aumentado, siendo los Estados de Oaxaca y Baja California los dos Estados con mejores condiciones y donde existen proyectos en puerta.

En el caso de Oaxaca, específicamente la región del Istmo de Tehuantepec, es considerada una de las regiones con mejores condiciones para la explotación del recurso eólico, no solo a nivel nacional, sino a nivel internacional.

El parque Eólico La Venta

El Istmo de Tehuantepec se encuentra localizado en el estado de Oaxaca y es considerado como su segunda región más importante. La Entidad Federativa cuenta con una población de 3'438,765 de habitantes, de los cuales 1 millón 100 mil son indígenas. Es decir, más del 32% del total. Este Estado es considerado, junto con Veracruz, Chiapas y Guerrero, uno de los más pobres del país. Ocupa el lugar 31 de 32 estados en cuanto al Índice de Desarrollo Humano. (Gobierno de Oaxaca, 2006)

En 1994 la Comisión Federal de Electricidad (CFE) decidió instalar en la región del Istmo la primera central de energía eólica del país, con una capacidad de 1,575 KW y está integrada por 6 generadores. Esta central en palabras de la CFE dio resultados tan exitosos que genero expectativas tanto en los gobiernos estatal y federal como en los inversionistas privados, los cuales no se hicieron esperar para hacer llegar sus primeras propuestas de inversión. Las dos primeras empresas que hicieron estas propuestas fueron:

 Electricidad del Suroeste S.A. de C.V.

 Fuerza Eólica del Istmo

Las dos con capital nacional y extranjero. Estas dos empresas solicitaron los permisos correspondientes para la operación de la central eólica, planeando para el año 2000 tenerla funcionando. Sin embargo se encontraron con dificultades para firmar los contratos y convenios de interconexión, transmisión y venta de excedentes, ya que si bien la LSPEE había sufrido modificaciones para permitir la inversión privada en cogeneración y auto abastecimiento, esta modificaciones no aplicaban en para las fuentes de energía renovable, dejando fuera de la jugada, la energía eólica. Para 1999 se formo el Consejo Consultivo para el Fomento de las Energías Renovables en México (el COFER) el cual presento un modelo de contrato que permitía la venta de los excedentes de la energía producida por recursos renovables, obligando de esta manera a la CFE a comprar la energía producida por la iniciativa privada. El otro problema con el que se encontraron fue la falta de redes de interconexión que permitiera transportar la energía producida. Esto tanto la CRE y la CFE reconocieron que se tardaría mas de una década. (Presidencia de la República, 2007) Mientras la CFE intentaba resolver los problemas de las redes de interconexión, transnacionales europeas comenzaban a invertir en el corredor eólico del istmo en diferentes áreas.

Transnacionales tras el Corredor Eólico del Istmo

En el Plan Estatal de Desarrollo, el Gobierno de Oaxaca menciona que son 14 empresas transnacionales las que están en negociaciones para la renta de reservas territoriales en la región del Istmo, entre las empresas que se mencionan están: Endesa, Iberdrola, Eoliatec, EDF y Unión FENOSA. También se sabe que estas empresas han hablado con los ejidatarios para la renta de sus tierras, desde 1994. aquí los inversionistas se toparon con el problema de que los ejidatarios no eran "propietarios" de sus tierras y que las decisiones se tomaban en asambleas ejidales, sin embargo con el Programa de Certificación de Derechos Ejidales y Titilación de Solares (PROCEDE) se dio la certidumbre jurídica de la tenencia de la tierra, permitiendo con esto, al convertir los ejidos en propiedad privada y darles carácter de propietario único a los ejidatarios sobre determinada parte de la tierra ejidal, vender o rentar a los inversionistas. (Castillo E, 2010)

Con la ayuda del PROCEDE las negociaciones entre las transnacionales y las comunidades se comenzó a dar. Estas negociaciones fueron diferentes en cada caso, pero se estima que la renta fue de 125 pesos anuales por hectárea el cual aumentaría en 1.5% al estar los aerogeneradores funcionando. Con esto

convierten a los campesinos en socios compartidos, lo cual a fin de cuentas es un riesgo importante, con una ganancia mínima, sin mencionar los costos sociales y ambientales que el proyecto traerá consigo a la región. Entre los municipios afectados por el corredor Eolo eléctrico está San Mateo del Mar, Santo Domingo Ingenio, Unión Hidalgo, san Dionisio del Mar y Juchitan, siendo este ultimo el más afectado ya que la mayor parte del parque aerogenerador se construirá en el Ejido La Venta, perteneciente a este municipio. (Castillo E, 2010)

Corredor Eólico del Istmo de Tehuantepec: Parque Eólico La Venta

El proyecto del Parque Eólico La Venta, consta según datos de la CRE y la CFE de tres partes, las cuales dan en suma el Corredor Eólico del Istmo de Tehuantepec, que tendrá alrededor de 500 aerogeneradores que producirán 1, 575 KW y se instalaran en mas de 1000 hectáreas a lo largo de todo el Istmo. (Presidencia de la República, 2007)

Por la misma magnitud del proyecto a pesar de que en papel, el manejo del corredor esta en manos del Estado, estudios de la Red Mexicana de Acción Frente al Libre Comercio (RMALC) advierten de que por lo menos el treinta por ciento del proyecto es manejado por la iniciativa privada, con una fuerte intervención de transnacionales extranjeras, específicamente de empresas españolas como Endesa y Unión FENOSA. (Castañeda N, Van der Fleirt L, 2008)

Movimientos de resistencia contra el proyecto

Desde el 2004 a la fecha la resistencia contra el proyecto ha ido creciendo en proporción a la información del mismo, ONGs, centros de investigación y las propias comunidades han ido perfilando su lucha contra el proyecto, no solo por lo que significa en términos de violación de los derechos humanos básicos de la región, sino por que desde un principio tanto la CFE, como los inversionistas privados han manipulado la información para engañar a las comunidades y aprovechar un mejor trato, es decir los costos sociales y ambientales para la región y las ganancias para las transnacionales involucradas.

Organizaciones como la Unión de Comunidades Indígenas de la Zona Norte del Istmo (UCIZONI), Gubiña XXI y el Centro de derechos Humanos Tepeyac han sido las organizaciones mas involucradas en la defensa, argumentando que el corredor eólico forma parte del Plan Puebla-Colombia y de los planes de privatización de los recursos públicos y naturales del país.

La resistencia que se ha llevado a cabo por estas organizaciones así como el apoyo que han recibido de otra mas, va en dirección de la violación de la constitución al permitir que la Iniciativa Privada (IP) intervenga en el manejo de un recurso nacional como lo es la energía, así como la violación a derechos humanos y a leyes, normas y tratados internacionales como lo son el convenio 169 de la OIT, que hace referencia a la relación que tienen los indígenas con sus tierras y el aspecto colectivo, el mismo PROCEDE actúa mas como un mecanismo de privatización que un apoyo a las comunidades. Existen algunas violaciones mas que pocas veces se mencionan dentro de las irregularidades del proyecto, como lo son la deuda social y ecológica que el corredor eólico traerá al Istmo de Tehuantepec. (Garcia M.A., 2010)

Deuda Ecológica del Corredor Eólico del Istmo de Tehuantepec

La construcción y ejecución de mega-proyectos han provocado un amplio conjunto de impactos sociales y ecológicos. Es necesario evaluar de manera local, regional y global el impacto que estos mega-proyectos generan. Valorar si la construcción y ejecución de dichos proyectos han contribuido al desarrollo de la región o solo han servido para endeudar a un país o una comunidad, generando una deuda ecológica y un costo ambiental que a corto, mediano y largo plazo, trae problemáticas nuevas en la región.

Determinar los impactos tanto negativos, como positivos que el Corredor Eólico del Istmo de Tehuantepec, así como el conjunto de beneficiarios del proyecto, nos ayudaran a entender y a tener las bases para evaluar la pertinencia de este tipo de proyectos, además de que al reconocer la deuda ecológica, podemos de manera puntual, no solo reconocer el fracaso de los mega-proyectos, sino la necesidad de buscar alternativas, que no solo no contribuyan a aumentar una deuda ilegitima, sino a no contribuir con los costos ambientales que traen consigo una deuda ecológica, que en muchos de los casos puede ser irremediable.

Se define la deuda ecológica como a la deuda histórica y actual acumulada, que tienen principalmente los países del norte, así como sus instituciones financieras y corporaciones con los pueblos del sur por el saqueo, explotación, empobrecimiento, destrucción y devastación de los recursos naturales.

La deuda ecológica es también la responsabilidad de los países industrializados por las condiciones actuales del planeta, la política del consumo, del "usar y tirar" son los principales responsables del aceleramiento del cambio climático y este modelo es un modelo promovido por los países del norte e impuesto de manera global. Esta deuda es una deuda que los países del sur vienen acarreando desde la colonia, pues gracias a la explotación de los recursos naturales, es que Europa logro acumular la riqueza que lo ha mantenido como un continente industrializado, que mantiene su conducta expansora y explotadora. (Donoso A, 2008)

En el proyecto del Corredor Eólico del Istmo de Tehuantepec, transnacionales íntimamente ligadas a Instituciones Financieras

Internacionales, como el banco Mundial o el Fondo Monetario Internacional son las empresas que están sacando provecho o proyectan sacarle provecho a la energía producida por el Corredor, contrayendo esto una deuda ecológica.   Entre las principales causas de deuda ecológica se evaluaran las siguientes características del proyecto:

Financiamiento del proyecto
Impacto Ambiental en la región del Corredor Eólico
Programas de Mitigación que presente el proyecto
Violaciones de leyes, normas, acuerdos en materia no solo
     social sino
ambientales
 Financiamiento del proyecto:
El corredor eólico del Istmo de divide en cuatro parques denominados Parque Eólico la Venta I II III IV, los cuales tienen diferentes capacidades de generación de electricidad y serán manejados por distintas empresas transnacionales, siendo Endesa y Gamesa Eólico la que tienen mayor presencia, manteniendo el control del Parque Eólico La Venta I y la Venta III. La inversión en todo el corredor eólico se calcula en aproximadamente dos mil quinientos millones de dólares, los cuales son en su totalidad de la iniciativa privada y de Instituciones   Financieras Internacionales, como el Banco Mundial y el Banco Interamericano de Desarrollo.

- **Impacto ambiental en la región del Corredor eólico**

A pesar de que tanto el gobierno federal como los inversionistas del proyecto, se jactan de que es un proyecto de energía limpia y con una mínima afectación al   medio ambiente regional, estudios recientes han demostrado que, la energía   eólica centralizada tiene un alto grado de impacto ambiental que de una u otra formar contribuyen a la contaminación atmosférica, de las agua y el paisaje. Los daños ambientales causados por la el corredor eólico son los siguientes:

a) Matanza de aves y murciélagos

Una vez puestas en marcha las aspas, que se mueven hasta 292 Km/h en sus puntas*, la destrucción de águilas, halcones, pájaros y murciélagos será imparable.

A nosotros humanos se nos parece que las aspas se mueven lentamente
- así que las aves también tienen esta impresión, y van tomando confianza. Pero es un efecto visual engañoso: en su parte cerca del centro las aspas se mueven sin prisa, pero en sus puntas la velocidad es
tremenda.

Por este efecto de engaño, las centrales eólicas en España y otros países del mundo ya se han cobrado las vidas de unos millones de aves, incluyendo un millar de águilas, varios millares de buitres, y unas 10,000 otras rapaces protegidas, sin hablar de los cisnes, gansos, cigüeñas, etc., hasta especies de murciélagos amenazadas de extinción.

Podemos calcular que por el tamaño del Corredor Eólico del Istmo y al ser un corredor natural y un cuello de botella para el paso de aves migratorias, la cantidad de aves muertas va en aumento. (Atienza, J.C. Et al, 2011)

b) Erosión del suelo

Con el tiempo la lluvia se lleva la tierra, puesto que esta suele quedarse con escasa protección vegetal en los parajes de las turbinas.

c) Efectos sobre la fauna terrestre

Las centrales eólicas ocupan grandes franjas de terreno extendiéndose sobre muchos kilómetros. Se trata a menudo de sitios estratégicos en las crestas de las montañas, dividiendo el territorio entre cuencas y valles. El efecto es una fragmentación del territorio para la fauna, y en consecuencia un empobrecimiento de sus poblaciones.

De la misma forma el uso a fines industriales de estos espacios naturales empobrece la cobertura vegetal del territorio, acelerando la desertificación de la región. En su turno la desertificación produce un cambio climático y una escasez de agua cada vez más aguda.

Finalmente, las rutas y caminos de acceso a las centrales eólicas permiten al público adentrarse en zonas previamente inaccesibles en coche. Esto acelera el deterioro medio-ambiental por los efectos de los incendios forestales, de la sobre-explotación de recursos naturales, etc.

d) Efectos sobre los recursos acuíferos

Contaminación del agua de lluvia y de capas freáticas por "derramamientos accidentales" de líquidos de lubricación y de limpieza de maquinaría. - El mismo Plan Eólico desvela este riesgo, del cual pocos hubiéramos sospechado.

De hecho, cada turbina almacena hasta 400 litros de lubricante en su interior

e) Incendios

Este también es un factor de desertificación por destruir la cubierta vegetal, y por consecuencia la capacidad de retención de la humedad del aire y de las aguas pluviales. Nos lleva a la escasez de agua y al cambio climático.

Se sabe que las turbinas a veces ocasionan accidentes y prenden fuego. En muchos casos se trata de un cortocircuito en el generador; en otros la causa es un relámpago, atraído por la alta masa de acero. La reserva de lubricante se convierte entonces en alimento para el fuego, y se proyectan gotas encendidas por el giro de las palas. En ocasiones se desprenden pedazos, o se cae la turbina entera.

Programas de Mitigación que presente el proyecto

Al revisar la Manifestación de Impacto Ambiental presentada para el Parque Eólico La Venta I y La Venta II, se observa que las medidas de mitigación que proponen los prominentes del proyecto, no son las adecuadas, ya que los proyectos de educación y de mejoramiento de las comunidades de flora y fauna no eran las adecuadas. Faltas medidas de mitigación para los problemas de erosión que presentaran los aerogeneradores, tampoco hace mención del uso del agua y sus posibles afectaciones. Tampoco presentan medidas de mitigación para el corredor de aves migratorias, aunque hacen referencia a él. (Comisión Federal de Electricidad, 2007)

La Manifestación de Impacto Ambiental en su capítulo de medidas de mitigación, es muy corto y sin presentar datos reales de los daños causados por los aerogeneradores, mucho menos las medidas para prevenir o mitigar, estos impactos.

Violaciones de leyes, normas, acuerdos en materia no solo social sino ambientales

En términos sociales, el proyecto no solo viola la constitución misma del país, que dice que la generación, producción y distribución de la energía será solo del Estado Mexicano, sino que viola el artículo 169 de la Organización Mundial del Trabajo. En materia ambiental, el Corredor viola el acuerdo de protección de aves migratorias firmado con los Estados Unidos de Norteamérica, también viola la ley de protección de animales en peligro de extinción, como lo es el Águila Blanca que tiene su paso por el cuello de botella del Istmo.

Conclusión:

La construcción del Corredor Eólico del Istmo es un proyecto que no dejara beneficio ni a las comunidades cercanas que serán las más afectadas por el proyecto, sino en general en todo el país. El mito de que la energía eólica centralizada es una energía limpia y que ayuda a contribuir con el cambio climático. Es una solución falsa que solo confunde a la sociedad y afecta sobre manera el medio ambiente.

La tendencia de los gobiernos neoliberales de privatizar los recursos naturales esenciales y convertirlos en mega-proyectos, no han traído más que miseria y degradación ambiental.

Bibliografía:

- Aurora Donoso, 2008, Alcances políticos de la posición de los pueblos del sur como acreedores de deudas sociales y ecológicas 16-19pp, Sur: soberanía y dignidad, no somos deudores, somos acreedores, 107pp, Instituto de Estudios Ecologistas del Tercer Mundo, Acción Ecológica, Oilwatch Sudamerica, SPEDCA-AL, Jubileo Sur. Quito.

- CFE, Comisión Federal de Electricidad, 2007, Manifestación de Impacto Ambiental para el proyecto Eólico La Venta II presentada ante la Secretaria de Medio Ambiente y Recursos Naturales.
- Emiliano Castillo Jara, 2010, Viabilidad socio-ambiental de los parques eólicos del Istmo de Tehuantepec, tesis de licenciatura en en Relaciones Internacionales, Universidad Nacional Autónoma de México.
- Miguel Ángel García A, 2010, El Mega proyecto del Istmo de Tehuantepec:
- Globalización y deterioro socio ambiental. http://yumka.com/docs/istmo.pdf
- -Atienza,J.C., Martín FierroO.Infante,J.VallsyJ.Domínguez.2011.Directrices para la evaluación del impacto de los parques eólicos en aves y murciélagos (versión3.0). SEO/BirdLife, Madrid
- - Norma Castañeda, Lydia Van der Fleirt, 2008, Estudio sobre el impacto social y medio ambiental de las inversiones Europeas en México y Europa en el sector agua y energía, Red Mexicano de Acción Frente al Libre Comercio, Iniciativa de Copenhague para Centroamérica y México(CIFCA), 51pp, México.
- - Presidencia de la República, Plan de Desarrollo Nacional, 2006,2006-2010, Presidencia de la República 169Pp, México
- - Presidencia de la República, Programa Sectorial de Energía 2007 – 2012, 2007, Presidencia de la República, 52pp, México.
- - Gobierno del Estado de Oaxaca, Plan Estatal de Desarrollo, 2006, 2006-2010, Gobierno del Estado de

Oaxaca, 119pp, Oaxaca, México.

En materia de gestión de residuos, también es cuestión de sistemas

La Secretaria de Medio Ambiente y de Recursos Naturales (SEMARNAT) junto al Instituto Nacional de Ecología (INE) publicaron este año el Diagnostico básico para la gestión de residuos 2012. entre otras afirmaciones, el diagnostico dice que en los últimos diez años el aumento de Residuos Solidos Urbanos (RSU) se incremento en un veinte por ciento, alcanzando a nivel nacional ciento dos mil toneladas diarias; de las cuales el sesenta por ciento tuvo como disposición final los Rellenos Sanitarios y/o sitios controlados, el catorce por ciento termino en tiraderos a cielo abierto, el nueve por ciento fue reciclado por pepenadores o empresas formales de la industria del reciclaje. Del catorce por ciento restante, dice el diagnostico, se desconoce su destino final. No menciona sobre la incipiente incineración de RSU en hornos cementeros o en Centros Integrales de Reciclaje y Energía (CIRE) pomposo nombre que reciben las incineradoras en México.

Otro de los datos significativos de este diagnostico es que solo la décima parte de los municipios cuenta con un esquema de gestión integral de RSU. Incluido en este esquema los Rellenos Sanitarios y los reglamentos municipales de limpia y residuos. La mitad de los Rellenos Sanitarios en México son manejados por la Iniciativa Privada.

El diagnostico presenta como reto, una verdadera gestión de los RSU a nivel nacional. Donde el aumento del reciclaje sea considerable. No menciona cifras a futuro, ni formas de aumentarlo. Tampoco hace mención de mejorar la recolección de residuos. Muchos menos de planes municipales. Sino que habla de retos nacionales. La única solución que plantea con cifras y metas es la del aumento de los Rellenos Sanitarios en el país. Actualmente se cuenta con 238 rellenos. La meta es construir 112 mas, para llegar a los 350 a nivel nacional. No deja claro si estos serán con recursos de la federación, si serán municipales o privados. Solo plantea la urgencia de construirlos como solución al aumento de RSU en el país.

Los tres primeros lugares en la producción de RSU en México los ocupan el Estado de México (este lugar es un poco engañoso pues muchos municipios de este Estado pertenecen a el área metropolitana del Distrito Federal), el Distrito Federal y Jalisco. Estos Estados también lideran el nada honroso rancking de ser los Estados con mayor problema en la recolección y disposición final de sus residuos. Solo trece municipios y siete delegaciones del Distrito Federal practican la recolección selectiva. No se habla de la disposición final de esta recolección selectiva.

A pesar de lo valioso que puede resultar el diagnostico, principalmente por presentar datos y estadísticas de la gestión actual de los RSU a nivel nacional, estatal y municipal, dando una clara idea de la problemática que tenemos encima, las soluciones que presenta o recomienda para una gestión integral de los residuos no llega a la raíz del problema y deja fuera una de las falsas soluciones que cada día se escuchan mas en los medios de comunicación como la alternativa de los municipio para el problema de los residuos: la incineración disfrazada de CIRE, ni la realidad que ya se vive en ciertos municipios del país con los hornos cementeros. Tampoco hace mención a la tendencia de privatizar los Rellenos Sanitarios y el servicio de limpia. Tal vez no lo menciona por que el mismo diagnostico deja abierta la puerta para que estas dos practicas puedan llevarse a cabo como solución a la gestión integral de los RSU. Solo basta leer el estudio realizado por el Banco Interamericano de Desarrollo en materia de gestión de RSU en México para comprender que estas son lineas de inversión que el BID plantea para dicha gestión de residuos. Tanto la privatización de los Rellenos Sanitarios, como los CIREs son parte de los proyectos que este banco piensa apoyar en México.

Tanto el diagnostico federal, como el estudio presentado por el BID no hablan de los posibles impactos socio-ambientales que generan las alternativas que presentan. Impactos ampliamente documentados y estudiados.

La gestión de residuos que presentan no van directamente a buscar una solución sustentable y sostenible, sino a buscar como perpetuar un sistema que crea una economía con costos socio-ambientales para las poblaciones mas vulnerables. No busca un cambio de paradigma en el sistema actual de extracción-producción-consumo-disposición que deja como resultado un sistema lineal, finito. No busca cerrar el circulo, sino perpetuar un sistema.

Si bien aquí se presentan algunos datos oficiales y principalmente del estado del arte actual, también existen algunos datos, que nos pueden dar una idea de como cerrar este circulo. El setenta por ciento de lo que producimos y consumimos se puede reciclar, reusar y/o compostar. Es decir si logramos una recolección diferenciada, donde logremos recuperar este porcentaje, podemos al menos cerrar un gran círculos de nuestros recursos naturales, sacándolos del sistema. Annie Leonard, lo explica mejor en su multipremiado y visto documental *"La historia de las cosas"* el libro publicado después del documental también tiene muchos datos a considerar.

Es relativamente fácil. Pasar a un sistema cíclico de recuperación-producción-consumo-recuperación en vez del sistema lineal actual. Sin embargo nos queda otra pregunta. ¿Que hacemos con el treinta por ciento restante que no se puede reciclar, reusar o compostar? La respuesta lógica seria, que si algo no se puede recuperar para ser reciclado, reusado o compostado no debe de producirse en primer lugar. Sin embargo, esto no es del todo realista actualmente y se necesita un cambio sistémico mayor para esto, que para recuperar el otro setenta por ciento que ya esta disponible. Entonces en este momento, necesitamos espacios para que este treinta por ciento sea dispuesto. Los Rellenos Sanitarios pueden ser no la mejor opción, pero es mejor que pensar en la incineración. De los dos el impacto que genera un relleno sanitario (sobre todo uno seco, con tratamiento biológico para estos materiales) es menor que el de las incineradoras y/o hornos de cemento.

Al día de hoy la gestión de residuos es un problema para las autoridades, para la ciudadanía y un excelente negocio para la iniciativa privada (tan solo en Hermosillo, la empresa TecMed recibe del Ayuntamiento 120 pesos diarios por tonelada por recibir y enterrar en terrenos del ayuntamiento, 800 toneladas al día) Eso nos lleva a la importancia de dignificar el trabajo de los recolectores de RSU, de los pepenadores informales, a modificar los hábitos de consumo y de separación de origen a políticas publicas de Basura Cero y recolección diferenciada creando los escenarios idóneos para un verdadero cambio de paradigma en la gestión de los RSU. Cerrando el circulo de los residuos, parando un poco la extracción y explotación de nuestros recursos naturales, logrando con esto una verdadera justicia social y ambiental en nuestras comunidades.

http://www.storyofstuff.org/
http://www.no-burn.org/article.php?id=740
http://noalaincineracion.org/informes/basura-cero/

Abril 2013

Hijo bastardo de la Generación X...a manera de epilogo

Soy un hijo bastardo de la Generación X y con esta frase me refiero a que soy de la generación educada por la televisión, de la generación experimental para las compañías de videojuegos y de la música audiovisual (MTV), pero no todo se acaba ahí, soy de la generación que aprendió que el amor no es para siempre y que el matrimonio no dura hasta que la muerte los separe, que un peso vale cincuenta centavos y que el neoliberalismo no cumple lo que promete. Soy de una generación que nació derrotada social y políticamente hablando y que al paso de los años se han sumado a estas derrotas, también la económica.

El modelo económico que nos vendieron cuando estábamos en la escuela no cumplió lo que prometió, pero trajo para nosotros más angustia y depresión...pero me estoy adelantando. Soy un producto bastardo de la frivolidad de Miami Vice y Melrose Place, del agujero en la capa de ozono y el fijador de cabello en spray. Soy producto de la insensatez pequeño burgués de los hippies cansados del peace and love , de las drogas sintéticas disfrazadas de naturales y de la rabia y el cinismo de los punks de la costa oeste de Norteamérica (léase Dead Kennedys y Blag Flag). Soy uno mas a los que le prometieron mucho y terminaron con poco que además lo deben con tazas de interés impagables. Eso nos dejo la Generación X. El sentimiento de que alguien mas se esta divirtiendo de lo lindo con lo que nos pertenece por herencia...Pero también soy hijo del 1 de enero de 1994 y de los pasamontañas que ocultaban poco pero decían mucho, de la esperanza disfrazada que no nos ofrecía nada, sino que nos invitaba a imaginarnos nuestro propio mundo, un mundo donde cabíamos todos, diverso y extraño...Soy hijo de la nación alternativa, de las franelas a cuadro y los pantalones de montaña, del Seattle del 99 y el Praga del 2000, del "Piensa

Globalmente Actúa Localmente" de la globalización económica, de la globalización de las ideas y de los movimientos sociales.

Soy un producto de las tiranías corporativas y de las guerras por computadoras, de las resistencias sin identidad y de las luchas sin ideología. Soy un producto bastardo de la ingeniería genética y de la naturaleza de clases (orgánicos para ricos-transgénicos para pobres). Soy de la generación que paga los errores del pasado y la que no tiene un futuro. Soy un producto de los antidepresivos y del negocio de la psiquiatría y la terapia sicológica...Soy un hijo bastardo de la Generación X como todos, como muchos que a diario pasan a mi lado, con la misma desesperanza envuelta en melancolía y nostalgia, como los que luchan a mi lado sin pretender nada a cambio, solo buscando que a la larga, el mundo que dejemos no sea tan desolado como el que encontramos.